Jörg Zellner und Christine Meinecke

Altötting

Deutschlands berühmtester Marienwallfahrtsort

dargestellt anhand der Raumbilder in der Dioramenschau Altötting,
der Marienfilme von 1950 und 1977 sowie historischer und aktueller Bilder

Eigenverlag

Titelbild: Zu den nachhaltigen Eindrücken einer Altötting-Wallfahrt gehört die Teilnahme an einer abendlichen Lichterprozession auf dem festlich beleuchteten Kapellplatz. Die größte davon findet alljährlich am Vorabend zum Feiertag Maria Himmelfahrt statt, die in einem Raumbild der Dioramenschau im Altöttinger Marienwerk dargestellt ist (Beschreibung siehe S. 98).

Rückseite: Ausschnitte von Raumbildern aus der Dioramenschau zeigen das brennende Altötting, das zweite Wunder im Jahr 1489, die Marienverehrer Maximilian I. und Graf Tilly sowie eine Wallfahrergruppe im 19. Jahrhundert.

Gestaltung und Layout: Bibi Philipp Grafikdesign
Bildbearbeitung und Layout/Zeitleiste: Werbestudio Baumgartner
Redaktion: Jörg Zellner und Christine Meinecke
Druck: Gebrüder Geiselberger, Altötting

1. Auflage 2009 · Eigenverlag · ISBN-Nr. 978-3-87245-048-7

Vorwort der Verfasser

500 Jahre Marienwallfahrt

Vor mehr als 500 Jahren wurde Altötting durch außergewöhnliche Ereignisse zu einem bekannten Wallfahrtsort. Seit dieser Zeit pilgern Menschen aus nah und fern zur „Schwarzen Muttergottes" in der Heiligen Kapelle. Päpste, Kaiser, Könige, Herzöge und Adelige wallfahrteten ebenso hierher wie das einfache Volk, um sich in ihren Sorgen und Nöten „Unserer Lieben Frau" anzuvertrauen und sie um Hilfe zu bitten. Heute ist Altötting der bekannteste Marienwallfahrtsort in Deutschland und wird jährlich von rund einer Million Pilgern besucht. Der vorliegende Bildband vermittelt einen Überblick über die rund 4000jährige Geschichte des Ortes.

Lebendige Geschichte

Dem gemeinnützigen Verein Marienwerk Altötting mit seinem Gründer, Stiftskapellmeister Monsignore Ludwig Uttlinger, ist es zu verdanken, dass die Wallfahrtsgeschichte des Gnadenortes in einzigartiger Weise lebendig gemacht wurde. Hauptgrundlage diescs Buches sind daher Bilder und Szenen aus Kunstwerken, die im Auftrag des Marienwerks entstanden:

- die „Dioramenschau Altötting" des Künstlers Reinhold Zellner
- die „Marienfilme" des Regisseurs Anton Kutter

Weitere Bilder von alten Ansichten, Gebäuden und Personen, die für die Marienwallfahrt Altötting bedeutsam sind, ergänzen diese reich bebilderte Publikation.

Aufbau des Bildbandes

Hauptteil des Buches ist die chronologische Darstellung der Geschichte des Marienwallfahrtsortes seit der Besiedelung im Ortsgebiet Ötting. Besondere Bedeutung für Altötting hatten Herrscher und Persönlichkeiten aus dem Hause Wittelsbach, durch die Altötting zum Nationalheiligtum Bayerns aufstieg. Im Anhang werden weitere Sehenswürdigkeiten Altöttings vorgestellt, unter besonderer Berücksichtigung der Dioramenschau und der Marienfilme. Eine Zeitleiste mit Bildern erleichtert dem Betrachter die zeitliche Einordnung der für Altötting bedeutsamen Geschehnisse und Persönlichkeiten.

Dank

Der vorliegende Bildband entstand anlässlich des 50jährigen Bestehens der Dioramenschau. Folgenden Personen und Institutionen danken wir für ideelle und finanzielle Unterstützung:
Marienwerk Altötting, Stadt und Landkreis Altötting, Marianische Männerkongregration, Heimatpflege Bezirk Oberbayern, Reinhard Ernst (Geschäftsführer des Marienwerks), Herbert Hofauer (Erster Bürgermeister), Herbert Bauer (Fremdenverkehrsdirektor), Erwin Schneider (Landrat), Stefan Hirsch (Bezirksheimatpfleger), Administrator Prälat Ludwig Limbrunner. Für die Bereitstellung umfangreichen Bildmaterials gilt unser besonderer Dank Hildegard Pollety, Hans Baumgartner und dem Fotohaus Strauß. Ebenso bedanken wir uns herzlich bei Stadtheimatpfleger Manfred Lerch, Hildegard Pollety, Bibi Philipp und Br. Elias Spreng für redaktionelle Mitarbeit und Beratung sowie Stephan Meinecke für technische Unterstützung.

Jörg Zellner und Christine Meinecke

Wilhelm Schraml
Bischof von Passau

Die Dioramenschau des Altöttinger Marienwerkes wird in diesem Jahr 50 Jahre alt: Mein Vorgänger, Bischof Simon Konrad Landersdorfer OSB, gab ihr im März 1959 den kirchlichen Segen. Nach mühevoller Kleinarbeit und unzählig vielen Stunden war das Werk, das vom Ehepaar Dora und Reinhold Zellner geschaffen worden war, vollendet: Ihrer Liebe zum Detail und ihren handwerklichen und künstlerischen Fähigkeiten ist es zu verdanken, dass wir die lange und bewegende Geschichte des Ortes Altötting und vor allem auch der Wallfahrt zu „Unserer Lieben Frau" sehr plastisch und ansprechend nachvollziehen können.

Die Dioramenschau nimmt den Betrachter gleichsam mit hinein in die Geschichte und in das Geschehen: Da ist das sog. zweite Wunder von Altötting, durch das ein schwer verletzter Knabe geheilt wird. Wir sehen die Pilgerinnen und Pilger, die ihre Gaben zur Gnadenkapelle bringen. Und wir können den hl. Bruder Konrad beobachten, als er zu nächtlicher Stunde in die Kapuzinergruft hinabsteigt, um für seine verstorbenen Mitbrüder zu beten. Das sind nur drei der vielen detailgetreuen Darstellungen. Stets scheint der Betrachter unmittelbar dabei zu sein. Damit wird die Geschichte der nunmehr über 500 Jahre alten Wallfahrt lebendig.

Möge das 50-jährige Bestehen der Dioramenschau in Altötting wieder ins Bewusstsein bringen, welch künstlerisch und kulturgeschichtlich wertvolle Fundgrube uns durch das Ehepaar Zellner und das Altöttinger Marienwerk anvertraut ist.

Prälat Ludwig Limbrunner
Bischöflicher Administrator
der Heiligen Kapelle

Das Titelbild des vorliegenden Buches bringt bestens zum Ausdruck, was es um die Gnadenkapelle und den Gnadenort ist. Die Gläubigen mit ihren Lichtern in Händen, die in Prozession zu „Unserer Lieben Frau von Altötting" betend und singend kommen, bilden gleichsam die strahlende Goldfassung für den kostbaren Edelstein namens Muttergottes.

Das Wallfahrtsgeschehen muss das Künstlerehepaar Zellner schon sehr beeindruckt haben, dass es diesem Eindruck phantasievoll und einfühlsam zugleich gestalterischen Ausdruck verleihen konnte. Es ist eine zu Herzen gehende Ausdrucksart. Unsere betrachtenden Augen schauen förmlich in die harmonierenden Herzen des Künstlerehepaares hinein. Wir bewundern staunend die geniale Arbeit ihrer Geistes- und Handarbeit, die durch Hingabe und Einfühlung ermöglicht wurde.

Die Dioramenschau lässt uns tief hineinschauen in das vielfältige Wallfahrtsgeschehen. Wir treten selber darin förmlich mit auf. Laden wir einander ein, in der Betrachtung unsere eigene gläubige Vorstellungskraft aufleben zu lassen.

Gott + befohlen!

Prälat Alois Furtner
Erster Vorsitzender des
Altöttinger Marienwerks

Im Leben auf 50 Jahre zurückblicken zu können, gibt Anlass, dieses Ereignis dankbar zu begehen. Am 31. März 1959 wurde der Dioramenschau des Altöttinger Marienwerkes vom damaligen Diözesanbischof Dr. Simon Konrad Landersdorfer der kirchliche Segen erteilt. Dem Weitblick und der Tatkraft Prälat Ludwig Uttlingers, Gründer des Altöttinger Marienwerks, ist es zu verdanken, dass Künstler wie Reinhold Zellner, seine Ehefrau Dora, Hans List und Josef Schacherbauer dieses einmalige Kunstwerk schaffen konnten. „Eine Quelle des Segens" sollte es werden, für Altötting und seine Wallfahrt.

Zahlreiche prominente Ehrengäste haben in Grußworten ihre Wertschätzung geäußert, so der Kunsthistoriker und Hauptkonservator des Bayerischen Nationalmuseums Dr. Wilhelm Döderlein: „Vor Ihren Augen ist ein Welttheater ausgebreitet. Man hat uns Bayern einer natürlichen Begabung für Spiel und Theater gerühmt. Wo könnte es sich schöner und besser bestätigen als hier, zu Ehren der Gnadenmutter, ad maiorem Dei gloriam?"

Dieser Bildband, illustriert durch Darstellungen markanter geschichtlicher Ereignisse aus Dioramenschau und Marienfilm, wird das über Jahrhunderte gewachsene Vertrauen zur Gnadenmutter von Altötting verständlich machen. So bleibt nur zu wünschen, dass auch in Zukunft möglichst viele Pilger reich gesegnet und mit bleibenden Erinnerungen von Altötting heimkehren.

Herbert Hofauer
Erster Bürgermeister
der Stadt Altötting

Jedes Jahr besuchen weit mehr als eine Million Menschen Altötting, den berühmtesten und bedeutendsten Marienwallfahrtsort im deutschsprachigen Raum. Seit dem Aufblühen der Wallfahrt zu „Unserer Lieben Frau von Altötting" gegen Ende des 15. Jahrhunderts suchen und finden die Menschen hier bei der Mutter Gottes Hilfe, Beistand und Trost, an diesem altehrwürdigen Ort, an dem Himmel und Erde einander besonders nah zu sein scheinen.

Das Marienwerk Altötting gewährt mit der berühmten Dioramenschau und mit den Marienfilmen einen beeindruckenden und lebendigen Einblick in die große Altöttinger Wallfahrtsgeschichte. Die großformatigen Bilder in diesem Buch entstammen in erster Linie der Dioramenschau, dem Meisterwerk des Bildhauers und Malers Reinhold Zellner, den viele von uns noch persönlich gekannt und geschätzt haben. Mit den Augen eines begnadeten Künstlers hat er in 17 Großraumbildern wichtige Ereignisse und für die Wallfahrt bedeutende Persönlichkeiten in einmaliger Weise in Szene gesetzt.

Zum 50jährigen Bestehen dieses einzigartigen Kunstwerkes hat der Sohn des Künstlers, Jörg Zellner, unterstützt von Christine Meinecke, diese Dioramenschau in den Kontext der mehrtausendjährigen Geschichte Altöttings gestellt. Ich danke für diese Arbeit herzlich und wünsche der Dioramenschau, die mich selbst schon in meiner frühen Kindheit fasziniert hat, viele interessierte Besucherinnen und Besucher, die mit diesem vorliegenden Bildband eine wertvolle Erinnerung erhalten.

Kirchen und Sehenswürdigkeiten in Altötting

1 Gnadenkapelle
2 Administrationsgebäude
3 Haus Papst Benedikt XVI. (Neue Schatzkammer und Wallfahrtsmuseum)
4 Rathaus
5 Panorama
6 Mechanische Krippe
7 Kongregationssaal
8 St. Magdalena
9 Stiftskirche
10 Anbetungskapelle
11 Tillykapelle mit Gruft
12 Altöttinger Marienwerk
13 Dioramenschau, Marienfilme
14 Kloster St. Konrad
15 Basilika St. Anna

Inhalt

Geleitworte

Vorwort der Verfasser 3

Wilhelm Schraml, Bischof von Passau 4

Ludwig Limbrunner, Bischöflicher Administrator 4

Alois Furtner, Vorsitzender des Marienwerks 5

Herbert Hofauer, Erster Bürgermeister 5

Einführung

Kirchen und Sehenswürdigkeiten in Altötting 6

Altötting, das „Herz Bayerns" 8

Das Gnadenbild 10

Die Gnadenkapelle 12

Die Geschichte des Wallfahrtsortes Altötting

Ötting in der Vor- und Frühgeschichte 20

Die Entstehung der Wallfahrt (1489) 28

Aufblühen der Wallfahrt (um 1490) 34

Niedergang durch die Reformation (1520-1570) 43

Der „Schwarze Tod" in Altötting (16. Jh.) 46

Aufschwung durch Stiftspropst Eisengrein (ab 1570) 48

Blütezeit während der Gegenreformation (17. Jh.) 51

Marienverehrer Kurfürst Maximilian I. (1597-1651) 54

Dreißigjähriger Krieg (1618-1648) 58

Zeitalter des Barock (17. Jh.) 68

Türkenkriege und Span. Erbfolgekrieg (17./18. Jh.) 72

Großbrände bedrohen den Wallfahrtsort (1630/1712) 76

Aufklärung und Säkularisation (19. Jh.) 78

Die Kapuziner in Altötting (ab 1802) 83

Wallfahrt im 20./21. Jahrhundert 87

Anhang

Höhepunkte des Wallfahrtsjahres 95

Bedeutende Marienwallfahrtsorte in Europa 100

Das Altöttinger Marienwerk 102

Die Dioramenschau Altötting 106

Weitere Sehenswürdigkeiten 116

Zeitleiste zur Geschichte Altöttings 121

Die Raumbilder der Dioramenschau 126

Literaturnachweis 127

Bildnachweis 128

Altötting, das „Herz Bayerns“

Wer als erster dem Gnadenort Altötting diesen anspruchsvollen, heute häufig verwendeten Beinamen gab, lässt sich nicht mehr genau feststellen. Möglicherweise stammt er ursprünglich vom Schriftsteller Werner Bergengruen (1892-1964), der 1934 in seinem Buch „Deutsche Reise" schrieb: „...die kleine Gnadenkapelle ... ist auch jetzt noch das Herz Altöttings, ja, das Herz Bayerns..."

Die Bezeichnung „Herz Bayerns" wird heute nicht nur für die Gnadenkapelle allein angewendet, sondern gilt für den gesamten Marienwallfahrtsort. Historisch gesehen ist der Beiname aus drei Hauptgründen wohl berechtigt:

1. Ötting lag inmitten des Stammesherzogtums der Agilolfinger, in deren Regierungszeit die Christianisierung Bayerns erfolgte.
2. Altötting ist seit dieser Zeit der religiöse Mittelpunkt Bayerns.
3. Der bayerische Kurfürst Maximilian I. begründete den Brauch der Herzbestattung der Herrscher Bayerns und von Mitgliedern des Hauses Wittelsbach in der Altöttinger Gnadenkapelle. Bereits 1635 hatte er die Intestina, die konservierten inneren Organe seiner Gemahlin Elisabeth, im Boden des Oktogons beerdigen lassen.

Herz-Urnen in der Gnadenkapelle

Die älteste Herzurne stammt aus dem Jahre 1637 und wurde in den Boden des Oktogons eingelassen. In ihr befindet sich das Herz des Feldherrn Graf Tilly (†1632). Insgesamt wurden die Herzen von 27 bedeutenden Persönlichkeiten aus dem bayerischen Herrschergeschlecht der Wittelsbacher in der Gnadenkapelle bestattet, 14 davon befinden sich in Wandnischen an der Westseite des Oktogons.

Herzurnen von König Ludwig I. und König Ludwig II.

Die Herzen folgender bayerischer Herrscher und deren Gemahlinnen fanden ihre letzte Ruhestätte im Boden des Oktogons oder in den Wandnischen:

Kurfürst Maximilian I. (†1651)

Kaiser Karl VII. (†1745)
und Kaiserin Maria Amalia (†1756)

Kurfürst Maximilian III. Joseph (†1777)
und Kurfürstin Maria Anna von Sachsen (†1797)

Kurfürst Karl Theodor (†1799)

König Maximilian I. Joseph (†1825)

König Otto I. von Griechenland (†1867)

König Ludwig I. (†1868)

König Maximilian II. (†1864)
Königin Marie von Preußen (†1889)

König Ludwig II. (†1886)

König Ludwig III. (†1918)
und Königin Marie Therese (†1919)

Das Mausoleum von Kaiser Karl VII. gilt als eines der schönsten Grabdenkmäler des 18. Jahrhunderts und wurde von Johann Straub 1745 geschaffen. Zentrum bildet die Doppelherzurne des Kaisers und seiner Gemahlin Maria Amalia. Der Reichsadler, ein bayerischer Löwe und die Allegorie der Trauer (rechts) beklagen den Tod des Kaisers, dessen Büste in der Mitte zu sehen ist.

Abb. rechts: Kardiotaph von Kurfürst Maximilian I. und Gedenktafel seiner ersten Gemahlin Elisabeth von Lothringen

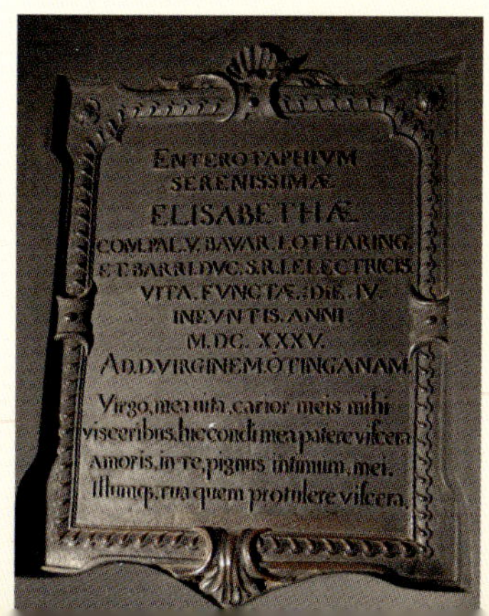

Das Gnadenbild

Marienverehrung und Marienwunder

Die Verehrung von Maria als Mutter Jesu hat im Christentum und dabei vor allem in der Katholischen Kirche einen besonders hohen Stellenwert und eine lange Tradition, die bis auf das 4. Jahrhundert zurückgeht. Sie beruht auf dem Glauben, dass die Mutter Gottes durch ihre Fürbitte bei Gott Menschen in ihrer Not helfen und Wunder bewirken kann. An vielerlei Orten und in vielen Gotteshäusern begegnet man auch aus diesem Grund Darstellungen von Maria in Form von Statuen und Bildern. Zum Gnadenbild wird eine solche Darstellung, wenn Menschen nach der Anrufung der Muttergottes Hilfe erlangt haben und unerklärliche Ereignisse eingetreten sind, die als Wunder bezeichnet werden. Zu solchen hoch verehrten Gnadenbildern zählt auch die Muttergottes in der Heiligen Kapelle von Altötting.

Zu den berühmtesten „Schwarzen Madonnen" zählen die Muttergottes-Statuen von Loreto in Italien (links) und Einsiedeln in der Schweiz.

Zwei der weltweit verbreiteten Darstellungen einer „Schwarzen Madonna" sind die von Loreto in Italien und Einsiedeln in der Schweiz. Sie wurden in zahlreichen Kapellen nachgeahmt. Auch die „Schwarze Muttergottes von Altötting" findet man als Kopie in zahlreichen Kirchen und Klöstern im In- und Ausland.

Geheimnisvolle „Schwarze Madonnen"

Das Altöttinger Gnadenbild wird zum Typus der „Schwarzen Madonnen" gezählt. So wird bei der Marienverehrung und in der religiösen Kunst das Bild oder die Statue einer Muttergottes bezeichnet, deren Gesicht schwarz ist. Dies kann entweder zurückgeführt werden auf eine schwarze Bemalung oder auf die Verwendung von schwarzem Holz oder Stein. Das Phänomen der „Schwarzen Madonnen" ist nach wie vor nicht vollständig erforscht. Dies und die Faszination, die sie auf viele heutige Betrachter ausstrahlen, machen sie auch zu einem attraktiven Thema für Grenzwissenschaften und Esoterik.

„Unsere Liebe Frau von Altötting"

Die Aufstellung des Marienbilds „Unserer Lieben Frau von Altötting" im Oktogon erfolgte vermutlich in der 1. Hälfte des 14. Jahrhunderts. Herkunft, Alter und Schöpfer des heutigen Gnadenbilds sind unbekannt. Man nimmt an, dass es sich um eine etwa 1330 geschnitzte Statue aus dem burgundischen Kulturkreis handelt. Über das Zisterzienserkloster Raitenhaslach soll sie nach Altötting gelangt sein. Heute wird kontrovers diskutiert, ob die 64 cm hohe Madonna mit Kind aus Lindenholz oder aus dem Holz eines Nadelbaumes geschnitzt ist. Die Schwarzfärbung beruht vor allem auf dem Rauch der vielen tausend Opferkerzen am Altar, der im Laufe der Jahrhunderte seine Spuren hinterließ.

Die geschnitzte Madonna mit Kind steht seit dem 14. Jahrhundert im Oktogon der Heiligen Kapelle. Der Brauch, die Madonnenfigur mit kostbaren Gewändern zu bekleiden, lässt sich in Altötting schon seit 1518 nachweisen. Im 17. Jh. erhielten Maria und Jesuskind eine mit Edelsteinen besetzte Krone und die Muttergottes ein Zepter. Das Bild rechts zeigt die „Schwarze Madonna von Altötting" mit dem bestickten „Gnadenröckl" und dem kostbaren Skapulier, einem schmalen, mit Perlen und Edelsteinen besetzten Schulterkleid. Seit 2006 trägt sie an ihrem Zepter den Bischofsring von Papst Benedikt XVI.

Die Gnadenkapelle

Oktogon und Langhaus

Die Gnadenkapelle hat im Laufe der Jahrhunderte ihr Aussehen verändert. Der älteste und ursprüngliche Teil ist das Oktogon. Dieser turmähnliche, romanische Achteckbau beherbergt das Gnadenbild und ist das älteste erhaltene Bauwerk Altöttings. Kurz nach der Entstehung der Altöttinger Marienwallfahrt wurde nach Westen hin an das Oktogon das sogenannte Langhaus mit Glockenturm in gotischem Baustil angebaut.

Überdachter Umgang und Rokokogiebel

Rund um die Kapelle führt ein überdachter Umgang. Hier sind die vielen Votivtafeln und die 56 wertvollen Mirakelbilder vor Wind und Wetter geschützt. Manche Pilger nehmen eines der bereit gestellten Kreuze auf sich und umrunden damit auf dem gepflasterten Boden die Kapelle, einige sogar auf Knien rutschend.

Den symbolträchtigen Rokokogiebel über dem Haupteingang der Kapelle schuf 1768 der Burghauser Bildhauer Johann Georg Lind aus Untersberger Marmor. Das Kunstwerk zeigt den heiligen Rupertus mit dem Salzfass, der das Land Bayern unter den Schutz „Unserer Lieben Frau" stellt. Die Altöttinger Muttergottes im Strahlenkranz steht über dem bayerischen Wappen. Gegenüber dem Hl. Rupertus kniet die Bavaria als Symbol für Bayern neben dem Kurfürstenhut. Auf dem Sockel dahinter ist auf einer Weltkugel die Gnadenkapelle dargestellt, über der sich der Sternenhimmel wölbt. In einem Band darüber sind die Planetensymbole für Venus, Sonne und Mars zu sehen.

An den Wänden des überdachten Umgangs hängen wertvolle Mirakeltafeln und etwa 2000 Votivtafeln, sowohl aus früherer als auch aus heutiger Zeit. Sie berichten über die Hilfe der Muttergottes in Notlagen. Das Foto auf der rechten Seite zeigt die Gnadenkapelle in der heutigen Form mit dem romanischen Oktogon, dem gotischen Langhaus mit Glockenturm und Arkadenumgang. Im Hintergrund steht die Stiftspfarrkiche St. Philippus und Jakobus.

Blick durch das Langhaus mit den beiden Seitenaltären und dem spätromanischen Portal in die innere achteckige Kapelle

Im Inneren der Gnadenkapelle

Durch eine bescheidene Pforte tritt der Besucher in das Langhaus ein. Der schlichte Bau mit rechteckigem Grundriss erhält durch die vergitterten gotischen Spitzbogenfenster nur spärliches Tageslicht. Das mystische Halbdunkel des Raumes wird durch den schwarzen Stuckmarmor der Wände betont. Die alten Votivbilder an den Seitenwänden berichten vom Vertrauen der Gläubigen auf die Hilfe der Altöttinger Muttergottes.

Die beiden Seitenaltäre aus rotem Marmor wurden 1668 von den Pröpsten zu Spital am Pyhrn gestiftet. Die Altarbilder von Tobias Schinagl zeigen eine Pietà und eine Anna Selbdritt. An der Stirnseite des Langhauses steht unter einer Galerie kunstvoll verzierter Kerzen eine gotische Rupertusfigur. In der Raummitte erinnert eine silberne Ampel mit Schwanengestalt an König Ludwig I. Die älteste Votivtafel aus dem Jahre 1501 hängt an der Südwand unter dem linken Fenster.

In das Innere des Oktogons führt ein spätromanisches Portal. Darüber zeigt ein spätgotisches Tafelbild eine farbenprächtige Schutzmantelmadonna. Gestiftet wurde es von Wolfgang Kolberger (1445-1519). Der Sohn eines Altöttinger Schulmeisters stieg bis zum Kanzler von Herzog Georg dem Reichen auf und wurde von Kaiser Friedrich III. 1492 in den Reichsgrafenstand erhoben. Er baute das Kolbergschlössl am Mörnbach, die heutige Josefsburg. 1502 wurde er vom Herzog des Verrats bezichtigt und eingekerkert. Das Gemälde erinnert an das vermutliche Zusammentreffen des Habsburger Kaisers Friedrich III. mit Herzog Georg im Jahre 1491 in Altötting.

Abb. oben: Die Schutzmantelmadonna ist Beschützerin und Fürsprecherin für alle Menschen, ob arm oder reich, ob hohen oder niederen Standes. Der Stifter des Gemäldes Wolfgang Kolberger kniet links, sein Wappen ist rechts abgebildet. Dargestellt sind Papst Alexander VI., Kaiser Friedrich III., Herzog Georg der Reiche und dessen Frau Hedwig sowie geistliche und weltliche Würdenträger.

Romanischer Gnadenaltar vor 1500 in einer Nische des Oktogons (Marienfilm 1950)

Gotischer Schnitzaltar um 1500 mit St. Katharina und St. Margarethe (Detail Dioramenschau)

Maximilianischer Gnadenaltar um 1645 mit silbernem Schautabernakel (Stich von Sadeler)

Der Gnadenaltar im Wandel der Zeit

Seit Beginn der Wallfahrt wurden am Gnadenaltar zahlreiche Veränderungen vorgenommen. Man nimmt an, dass zur Zeit des 1. Altöttinger Marienwunders am Ende des 15. Jahrhunderts die schlichte Holzfigur in einer Nische an der Ostseite der Kapelle stand. Nach dem Aufblühen der Wallfahrt veränderte sich das Aussehen grundlegend. Nach einem zeitgenössischen Stich wurden zum wundertätigen Gnadenbild zwei weitere Figuren hinzu gefügt. Die heilige Katharina mit dem Rad und die heilige Margarethe mit dem Drachen flankierten die Muttergottes.

Im Zeitalter des Barock erhielt der Gnadenaltar seine grundlegende heutige Form, wie ein Stich aus dem Jahre 1607 belegt. Kurfürst Maximilian I. stiftete den silbernen Schautabernakel für das Gnadenbild. An einem Gitter waren Weihe- und Opfergaben angebracht. Aus Silber oder Wachs geformte Füße, Hände und Köpfe zeugten vom Dank der Gläubigen für wundersame Heilung. Umrahmt wurde der Altar von Opfertafeln, die die Stadt Landshut anlässlich von Fußwallfahrten nach Altötting brachte. Die heute in der Schatzkammer ausgestellten, aus Silber getriebenen Kunstwerke stellen die Rosenkranzgeheimnisse dar.

Rechte Seite: Zentraler Mittelpunkt des heutigen Gnadenaltars ist der von Maximilian I. gestiftete Schautabernakel mit dem Gnadenbild. 1670 schufen der Bildhauer Balthasar Ableitner und der kurfürstliche Hofgoldschmied Franz Oxner für die Seitenwände der Altarnische den „Stammbaum Jesse", bestehend aus 14 in Silber getriebenen Halbfiguren. 1678 schließlich schenkte der Wittelsbacher Herzog Philipp Wilhelm von Pfalz-Neuburg die prächtige Figurenwand mit der Heiligen Dreifaltigkeit und den Engeln.

Ave Maria

Obere Reihe v. l.: König Max II. Joseph, König Ludwig III. mit Gemahlin Marie Therese, Königin Marie (Gemahlin von König Max II.). Untere Reihe v. l.: König Ludwig I., König Max I. Joseph, König Ludwig II.

Weitere Herzbestattungen im Oktogon von Mitgliedern des Hauses Wittelsbach:

Kardinal Franz Wilhelm von Wartenberg, Bischof von Regensburg (†1661)

Albrecht Sigismund von Bayern, Bischof von Regensburg (†1685)

Joseph Clemens von Bayern, Erzbischof von Köln (†1723)

Clemens August I. von Bayern, Erzbischof von Köln (†1761)

Johann Theodor von Bayern, Bischof von Lüttich (†1763)

Clemens Franz de Paula von Bayern (†1770)

Maria Anna von der Pfalz (†1797)

Kronprinzessin Antonia von Luxemburg (†1954)

Abb. rechts: Seit 1664 stehen vier silberverzierte Schränke in den Gewölbenischen für die ca. 800 kleineren, überwiegend figürlichen Gold- und Silbermotive.

Weitere Herzurnen: obere Reihe v.l. Prinzessin Antonia von Luxemburg, König Otto I. von Griechenland, Prinz Rupprecht (Leerurne)
Untere Reihe v.l. Kurfürst Karl Theodor, Kurfürst Max III. Joseph

Ötting in der Vor- und Frühgeschichte

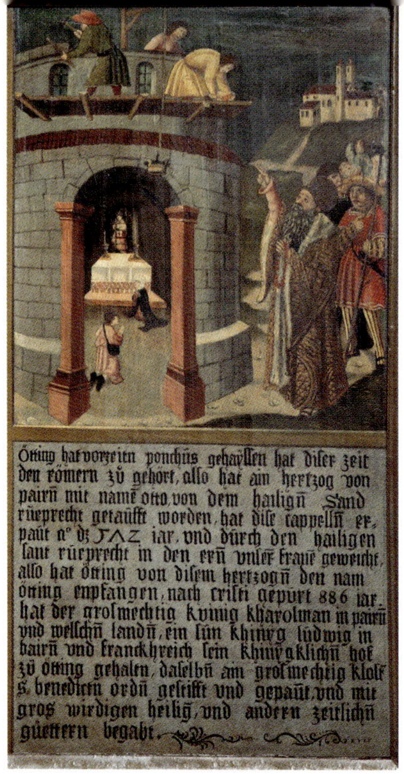

Die Tafel im Umgang der Kapelle bezeichnet Ötting als Römerort. Sie beschreibt auch Legenden von einem Herzog Otto, vom Hl. Rupertus und vom Bau eines Benediktinerklosters durch König Karlmann

Erste Ansiedlung

Die Anfänge Öttings reichen zurück bis in die Vorgeschichte. Da es aus dieser Zeit keine schriftlichen Quellen gibt, ist man auf Bodenfunde angewiesen. Reste von Pfostenlöchern, Siedlungsgruben sowie Gefäßscherben und Steingeräte im Bereich des südlichen Kapellplatzes sind Zeugnisse der ersten „Altöttinger" am Übergang von der Jungsteinzeit zur Bronzezeit (2.300 v. Chr.). Die Siedler nutzten hier folgende günstige Voraussetzungen:

- hochwassergeschützte Anhöhe des Alzschotterfeldes
- Wald zur Holznutzung, zum Jagen und Sammeln
- Trinkwasser aus Mörnbach und Sickenbach
- Möglichkeiten zum Fischfang

Es ist zu vermuten, dass die ersten Siedler eine Brandrodung durchführten und vor allem Viehzucht betrieben.

Heidnische Kultstätte

Die Vorstellung einer in das Dunkel der Vergangenheit reichenden heidnischen Kultstätte im Bereich des heutigen Kapellplatzes ist wissenschaftlich nicht belegt. Es ist aber zu vermuten, dass sich hier in vorchristlicher Zeit ein Lindenheiligtum befand. Funde in Gräbern aus der Urnenfelderzeit an der heutigen Alzgerner Straße zeugen von einer späteren Siedlung zwischen 1200-800/750 v. Chr.

Ötting – ein Römerort?

„Ötting hat vorzeitn ponchus gehayssen und hat diser zeit den römern zu gehört", verkündet eine Tafel von 1520 im Umgang der Kapelle. Diese vom Geschichtsschreiber Aventinus übernommene Auffassung ist historisch nicht haltbar. Es gab zwar westlich von Ötting bei Töging eine Kreuzung zweier Römerstraßen an der Grenze der Provinzen Raetien und Noricum. Die Ost-West-Verbindung verlief von Augsburg über Wels nach Lorch, die Nord-Süd-Route von Regensburg über Landshut nach Salzburg. Da aber keine Funde aus der Römerzeit im Ortsgebiet Altötting vorhanden sind, ist eine Siedlung unwahrscheinlich.

Besiedelung durch die Bajuwaren

Nach dem Abzug der Römer Ende des 5. Jahrhunderts beginnt das frühe Mittelalter, auch Bajuwarenzeit genannt. Über Herkunft und Landnahme dieser „Baiovarii" ist viel gerätselt worden. Fest steht, dass die frühere Annahme eines geschlossenen Einwanderungszuges nicht mehr haltbar ist. Historiker gehen nunmehr von einer Stammesbildung der Bajuwaren im eigenen Stammland aus, die sich noch während der ausgehenden Römerzeit vollzog.

Dass in Altötting bereits früh eine Siedlung bestand, belegt der Fund eines bajuwarischen Reihengräberfeldes in der Nähe des heutigen Bahnhofs. Da die Bajuwaren ihre Friedhöfe vor der Christianisierung in der Regel weit ab von ihren Wohnstätten anlegten, darf die frühbayerische Urzelle Öttings im südwestlichen Bereich des Kapellplatzes nahe dem Mörnbach angenommen werden.

Ötting - Amtshof der Agilolfinger

Das erste Herrschergeschlecht in Bayern waren die Agilolfinger. In ihre Regierungszeit fällt auch die urkundliche Ersterwähnung von Ötting als „autingas". Die Urkunde wurde am 10. Juli 748 anlässlich der Schenkung eines Edlen namens Wilhelm an das Kloster Mondsee im Salzkammergut ausgestellt. Die Beurkundung erfolgte in Ötting im ersten Regierungsjahr des damals erst siebenjährigen Herzogs Tassilo III. In den Jahren 770 und 772 stellte Tassilo hier selbst Urkunden aus. Damit steht fest, dass Ötting seit dem 8. Jahrhundert eine „villa publica", also ein herzoglicher Amtshof der Agilolfinger war.

Entstehung des Oktogons

Der sagenumwobene, turmähnliche Achteckbau der Altöttinger Kapelle wurde lange Zeit in das 7. bzw. 8. Jahrhundert zurück datiert. Neuere Bauforschungen sprechen für eine Entstehung des heutigen Oktogons erst um 1000 als Nachfolger eines früheren Sakralbaus. Umstritten ist nach wie vor, ob der Vorgängerbau ein Taufhaus (Baptisterium), eine Kapelle des Amtshofes oder gar ein sakrales Schatzhaus war. Die These, dass der Achteckbau als Baptisterium diente, ist am wahrscheinlichsten. Als sicher gilt jedoch, dass im Oktogon zur Zeit der ersten Marienwunder gegen Ende des 15. Jahrhunderts die jetzige frühgotische Marienstatue mit Jesuskind stand.

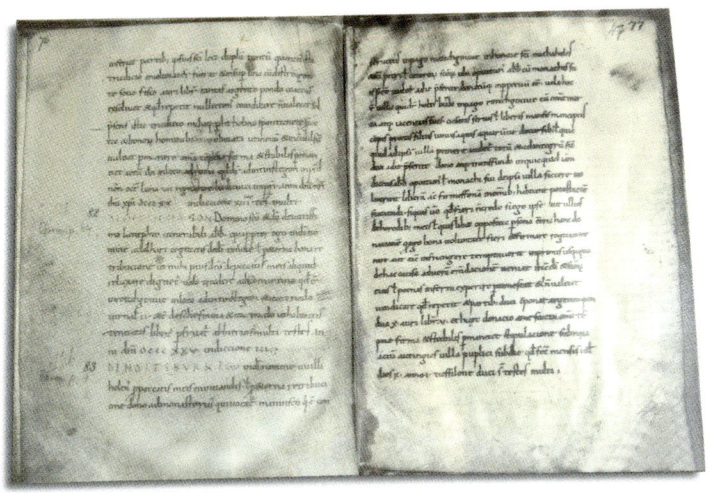

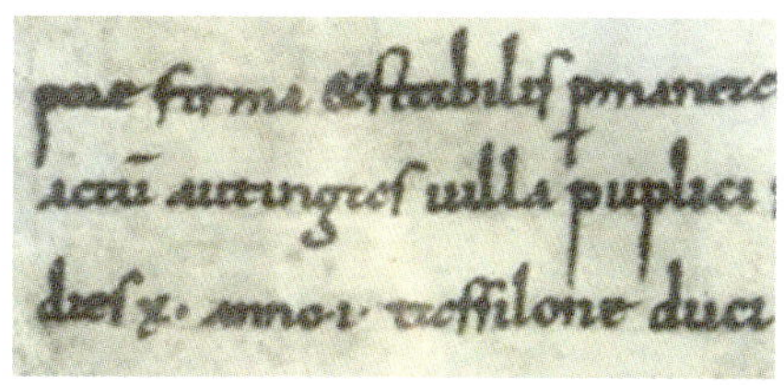

Urkundliche Ersterwähnung Öttings (Autingas) am 10. Juli 748

Die Legende von Herzog Odo

Aus uralten Zeiten stammt die Sage von der Entstehung Öttings: Nach der Überlieferung verirrte sich ein Herzog namens Odo bei der Jagd im tiefen Wald. Dabei traf er auf eine heidnische Kultstätte in Form eines Oktogons. In seiner Not legte Odo ein Gelübde ab, dieses Heiligtum zu Ehren zu bringen, wenn er aus dem Wald herausfinden würde. Wahrer Kern dieser Legende ist, dass sich das Gebiet um Altötting im Besitz der bayerischen Herzöge aus dem Geschlecht der Agilolfinger befand. Außerdem könnte Herzog Odilo 743 auf der Flucht vor den fränkischen Hausmeiern in die Gegend von Ötting gelangt sein und sich dort niedergelassen haben.

Die Rupertuslegende

Im 7. Jahrhundert missionierte der heilige Bischof Rupertus (650-718) im jetzigen südostbayerichen und salzburgischen Gebiet, das heute als Rupertiwinkel bezeichnet wird. Nach der Legende soll Rupertus die heidnischen Götzenbilder aus dem Oktogon entfernt und die holzgeschnitzte Madonna aufgestellt haben. Diese Überlieferung entspricht nicht den Tatsachen, da das heutige frühgotische Gnadenbild aus der ersten Hälfte des 14. Jahrhunderts stammt und erst in dieser Zeit nach Altötting gelangte. Auch die Taufe eines Herzogs aus dem Geschlecht der Agilolfinger durch Rupert ist geschichtlich nicht belegt.

Abb. oben links: Herzog Odo hat sich mit seinem Jagdgefolge im Wald verirrt und trifft auf eine heidnische Kultstätte.
Rechts: Der Hl. Rupertus missioniert in Bayern und ersetzt die heidnischen Götzenbilder im Oktogon durch eine Muttergottesstatue.

Vom Amtshof zur Königspfalz

Tassilo III. (741–794) regierte als letzter Herzog aus dem Geschlecht der Agilolfinger ab 748 in Bayern. Aus machtpolitischen Gründen wurde er von seinem Vetter Karl dem Großen 788 abgesetzt, zum Tode verurteilt, anschließend aber begnadigt und ins Kloster verbannt. So gelangte der Amtshof Ötting in den Besitz der Karolinger und stieg später zur Königspfalz auf.

Zur Zeit Karls des Großen (747-814) diente Ötting in den beiden letzten Jahrzehnten des 8. Jahrhunderts als Gerichtsstätte. Mehrmals saß hier Bischof Arn von Salzburg als königlicher Sendbote auf dem Hofgut Ötting zu Gericht. Mit großer Wahrscheinlichkeit hat Kaiser Karl der Große im Jahre 803 anlässlich einer Reise von Regensburg nach Salzburg auch den Ort Ötting aufgesucht und ihm kaiserlichen Glanz verliehen.

Am 15. Dezember 806 wurde auf dem Krongut Ötting unter dem Vorsitz von Erzbischof Arn von Salzburg, Bischof Aldawin von Regensburg und drei Grafen ein großer Gerichtstag abgehalten. Dies unterstreicht die besondere Bedeutung des Ortes als Gerichtsstätte. Nach der Übernahme der Königsherrschaft im Jahre 826 ließ Ludwig der Deutsche (817-876), ein Enkel Karls des Großen, die Pfalz Ötting erbauen. Mehrmals hielt er sich hier in seinem königlichen Palast (palatium regium) auf.

Nach der Absetzung von Herzog Tassilo III. (links) durch Karl den Großen ging Ötting in den Besitz der Karolinger über.

Es wird angenommen, dass Karl der Große 803 Ötting aufgesucht hat. (Szene aus dem Marienfilm von 1977)

Regierungssitz von König Karlmann

Seine größte weltliche Bedeutung erlangte Ötting durch König Karlmann, einen Urenkel Karls des Großen. Der älteste Sohn König Ludwigs des Deutschen erbte nach der Reichsteilung seines Vaters das ostfränkische Teilreich Bayern, dessen Herrschaft er als König 876 antrat. Zugleich war er Nachfolger seines Onkels, des westfränkischen Königs Karls des Kahlen, und somit von 877-879 auch König von Italien.

Als Regierungssitz wählte Karlmann Ötting aufgrund der geographisch günstigen Lage in seinem Herrschaftsgebiet. In seiner Lieblingspfalz errichtete er ein Kloster, dem der Abt Werinolf vorstand. Ob es sich dabei um ein Benediktinerkloster handelte, ist ungeklärt. 877 ließ Karlmann für das Kloster eine vorromanische Basilika erbauen.

Rekonstruktionsversuch der ehemaligen karolingischen Pfalz in Ötting aufgrund archäologischer Funde. Im Hintergrund die Karlmann-Basilika, im Vordergrund das Oktogon (Zeichnung von Manfred Lerner)

König Karlmann (um 830-880)

Ötting – eine Reliquienwallfahrt?

Aus Italien brachte Karlmann wertvolle Reliquien mit, u.a. eine Armreliquie des Heiligen Apostels Philippus und die Märtyrer-Leichname der Hl. Felicitas und des Hl. Maximilian. Es mag sein, dass Ötting dadurch zu einem sogenannten Reliquienwallfahrtsort wurde. 879 erkrankte Karlmann in Oberitalien schwer, kehrte nach Ötting zurück und starb hier im Jahre 880. Seine letzte Ruhestätte fand er in der Stiftskirche seiner Lieblingspfalz. Das Altöttinger König-Karlmann-Gymnasium erinnert mit seinem Namen noch heute an die ruhmreiche Vergangenheit der Königspfalz. Auch die nachfolgenden Karolinger begabten das Pfalzstift und wohnten zeitweise in Ötting. So sind Aufenthalte Arnulfs von Kärnten und von Ludwig dem Kind überliefert. Mit diesem endete 911 die glanzvolle Epoche der Karolinger.

Grabplatte für König Karlmann in der Altöttinger Stiftskirche

Die Ungarn-Legende

Mit Beginn des 10. Jahrhunderts brach für Ötting durch die Ungarneinfälle, verbunden mit Plünderungen und Brandschatzungen, eine schwere Zeit an. Der Überlieferung nach legte im Jahre 907 das Reitervolk aus dem Osten den Ort in Schutt und Asche. So entstand auch die Ungarnlegende, die erklären sollte, warum die Altöttinger Muttergottes zur „Schwarzen Madonna" wurde. Die von den Ungarn gelegte Feuersbrunst drang bis in das Innere des Oktogons vor. Vor der Marienstatue sanken die lodernden Flammen nieder und schwärzten das Marienbild. Diese Erklärung entbehrt aber jeglicher Grundlage, da das heutige Gnadenbild erst im 14. Jahrhundert im Oktogon aufgestellt wurde.

Wenige Jahre später erlitten die Ungarn gegen das vom bayerischen Herzog Arnulf dem Bösen angeführte Heer auf dem bei Ötting gelegenen Mordfeld 913 eine schwere Niederlage. Von dieser Zeit an mieden sie diesen Ort. Endgültig vorbei war die Zeit der Ungarnstürme 955, nachdem König Otto in der Schlacht auf dem Lechfeld bei Augsburg das Reitervolk vernichtend besiegt hatte.

Wiederaufbau der Pfalz

Aufgrund von Grabungsfunden aus dem Jahre 1999 kann mit großer Wahrscheinlichkeit davon ausgegangen werden, dass Pfalz und Stiftskirche schon im 10. /11. Jahrhundert vermutlich von König Heinrich II. dem Heiligen aus dem Geschlecht der Liudolfinger wieder aufgebaut wurden. So konnte Kaiser Heinrich III. 1053 hier das Weihnachtsfest feiern. 1060 beging sein Sohn König Heinrich IV. in Ötting das Dreikönigsfest.

Die Ungarn brandschatzen im 10. Jahrhundert Ötting und legen den Ort in Schutt und Asche. Durch den Brand, der bis ins Innere der Kapelle vordringt, wird der Legende nach das Altöttinger Marienbild zur „Schwarzen Madonna" (Kleindioramen).

Die romanische Stiftskirche wurde 1245 eingeweiht.

Das romanische Portal an der Westseite der Stiftskirche und das romanische Taufbecken (unten) sind bis heute erhalten.

Förderung durch die Wittelsbacher

Von entscheidender Bedeutung für die Entwicklung Altöttings zum Wallfahrtsort war die Übernahme der Regentschaft von Bayern durch die Wittelsbacher im Jahre 1180. Dieses Herrschergeschlecht regierte Bayern bis 1918 ununterbrochen. Die Wittelsbacher Herzöge (bis 1624), Kurfürsten (bis 1806) und Könige (bis 1918) bewahrten und verteidigten den katholischen Glauben und sorgten dafür, dass Altötting zum bayerischen Nationalheiligtum und zum größten und bekanntesten Wallfahrtsort Deutschlands aufstieg.

Herzog Ludwig der Kelheimer (1173-1231)

Erzbischof Eberhard II. von Salzburg (1170-1246)

Ludwig I. der Kelheimer

Der erste Herrscher aus dem Hause Wittelsbach, der für Altötting große Bedeutung erlangte, war Herzog Ludwig der Kelheimer. Er gründete 1231 das „neue Ötting". Durch die herausragend günstige Lage am Inn als Verkehrsweg wurde Neuötting schon bald zum Handelszentrum. Im Gegenzug sorgte Herzog Ludwig aber dafür, dass das „alte Ötting" geistliches Zentrum blieb.

Er ließ von 1228-1245 eine neue Kirche erbauen und gründete zugleich ein Kollegiatstift mit zwölf Chorherren und einem Propst an der Spitze. Die Stiftsherren wurden rund 250 Jahre später zu den ersten Betreuern der Wallfahrt nach Altötting. Die Einweihung der romanischen Stiftskirche erfolgte 1245 durch den Salzburger Erzbischof Eberhard II. und war Ausgangspunkt zur Abhaltung der traditionellen Altöttinger Hofdult, die bis 1896 auf dem Kapellplatz abgehalten wurde.

Eine thronende Madonna in romanischem Stil modellierte Reinhold Zellner aus Ton für den Marienfilm von 1977.

Die Muttergottes-Statue

Das Große Stadtsiegel von Neuötting aus dem 14./15. Jahrhundert zeigt einen der Kapelle ähnlichen Zentralbau. Durch die geöffneten Torflügel ist eine thronende Madonna mit Kind zu sehen. Diese und andere Darstellungen aus dem hohen Mittelalter machen es wahrscheinlich, dass in Altötting ursprünglich eine romanische Muttergottesstatue verehrt wurde.

Die Aufstellung des heutigen Gnadenbildes erfolgte vermutlich Mitte des 14. Jahrhunderts. Herkunft, Alter und Schöpfer des heutigen Gnadenbilds sind unbekannt.

Das Gemeine Große Siegel der Stadt Neuötting aus dem 14./15. Jh. zeigt die Altöttinger Kapelle mit einer sitzenden Madonna.

Die Entstehung der Wallfahrt um 1489

Wunder als Auslöser

Auch nach der Aufstellung der gotischen Muttergottesstatue im Oktogon Mitte des 14. Jahrhunderts gibt es zunächst keine verlässliche Kunde über Altötting als Wallfahrtsort. Es spricht auch nichts dafür, dass sich dieser im Laufe der Zeit langsam entwickelt hat. Erst 150 Jahre später pilgerten scheinbar urplötzlich Tausende von Gläubigen zur „finsteren uralten heyligen Capel unserer lieben Frawen auff der grünen Matten", wie der spätere Stiftspropst Martin Eisengrein die Wallfahrtsstätte beschrieben hat.

Man geht davon aus, dass außergewöhnliche, unerklärliche Ereignisse – also sogenannte Wunder – die „Schwarze Madonna" von Altötting zum Gnadenbild werden ließen. Die Berichte über die ersten Wunder sind wissenschaftlich nicht zu belegen. Allerdings zeugen mehrere zeitgenössische, voneinander unabhängige Aufzeichnungen vom schlagartigen Beginn der Wallfahrt um 1490. Es haben sich demnach im Raum Altötting wundersame Geschehnisse zugetragen, die auf die Fürsprache „Unserer Lieben Frau" zurückgeführt wurden.

Aufleuchten am Übergang zur Neuzeit

Die Kunde von den Wundern zum Ende des Mittelalters hat sich offensichtlich rasch verbreitet. Dabei kam dem neuen Wallfahrtsort die Erfindung der Buchdruckerkunst zugute. In einer Zeit des Umbruchs verkündeten Mirakelschriften die Wunderzeichen zusätzlich zur mündlichen Überlieferung nun auch in schriftlicher Form. Darüber schreibt Peter Becker, ehemaliger Chefredakteur des „Altöttinger Liebfrauenboten":

„Es war eine Welt und Gesellschaft, die nach solchen Wunderzeichen förmlich fieberte, die in sich zerrissen und gespal-

ten und zutiefst verunsichert war. Gerade 40 Jahre zuvor hatte Johannes Gutenberg mit seiner Erfindung des Buchdrucks der Menschheit die Tür in eine neue Zeit aufgestoßen. Weltoffenheit und Weltflucht, Rationalismus und Wunderbegeisterung zugleich, strenger Bußgeist und Daseinsfreude blühten gleichermaßen. Die gewaltigen geistigen und gesellschaftlichen Umbrüche schufen Ängste und Verunsicherungen. Dazu kamen Kriegsnöte und Ängste vor neuen unbekannten Krankheiten und Seuchen, denen die Menschen jener Zeit hilflos ausgeliefert waren. Wo mit irdischer Hilfe nicht zu rechnen war, setzten sie ihre Hoffnung, Schutz und Hilfe zu erlangen, auf himmlischen Beistand." Viele Gläubige baten daher in ihren Nöten die Muttergottes um Hilfe, im Vertrauen auf die Macht ihrer Fürsprache und den damit verbundenen Gnadenerweis Gottes.

Die ersten Wunder

Warum zwei außergewöhnliche Ereignisse, die erst 150 Jahre später niedergeschrieben wurden, als die ersten Marienwunder von Altötting angesehen werden, ist rätselhaft. Jedenfalls sind sie in der Chronik des Jesuitenpaters Jacobus Irsing enthalten, die 1643 in lateinischer Sprache verfasst wurde. Schon 1644 übersetzte sie der Stiftsdechant Johann Scheitenberger ins Deutsche. Auch die Datierung des Wallfahrtsbeginns auf das Jahr 1489 ist ungewöhnlich, da in der unten abgebildeten Chronik Wunderzeichen aus den Jahren 1487 bis 1491 beschrieben sind. Vermutlich hat man sich auf das Jahr 1489 geeinigt, da der Pilgerstrom erst 1490 einsetzte.

Wunderberichte in der Chronik von Jakobus Irsing, ins Deutsche übersetzt von Johannes Scheitenberger

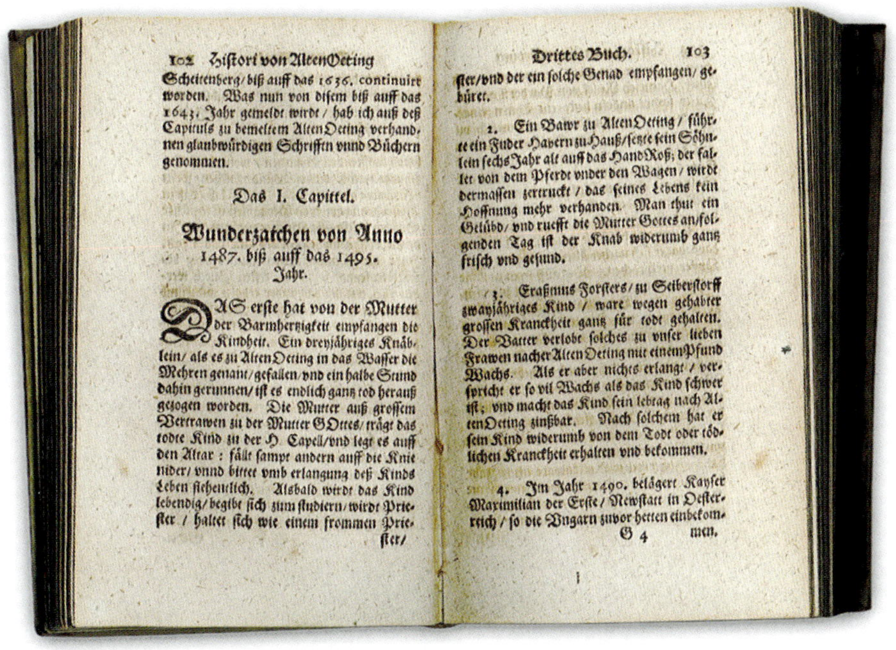

102 Histori von AltenOeting

Scheitenberg/ biß auff das 1636. continuirt worden. Was nun von disem biß auff das 1643. Jahr gemeldt wirdt/ hab ich auß deß Capituls zu bemeltem AltenOeting verhandnen glaubwürdigen Schrifften vnnd Büchern genommen.

Das I. Capittel.

Wunderzaichen von Anno 1487. biß auff das 1495. Jahr.

DAS erste hat von der Mutter der Barmhertzigkeit empfangen die Kindheit. Ein dreyjähriges Knäblein/ als es zu AltenOeting in das Wasser die Mehren genant/ gefallen/ vnd ein halbe Stund dahin gerunnen/ ist es endlich gantz tod herauß gezogen worden. Die Mutter auß grossem Vertrawen zu der Mutter GOttes/ trägt das todte Kind zu der H. Capell/ vnd legt es auff den Altar: fällt sampt andern auff die Knie nider/ vnnd bittet vmb erlangung deß Kinds Leben flehentlich. Alsbald wirdt das Kind lebendig/ begibt sich zum studiern/ wirdt Priester/ haltet sich wie einem frommen Priester/

Drittes Buch. 103

vnd der ein solche Genad empfangen/ gebüret.

2. Ein Bawr zu AltenOeting/ führte ein Fuder Havern zu Hauß/ setzte sein Söhnlein sechs Jahr alt auff das HandRoß; der falle von dem Pferdt vnder den Wagen/ wirdt dermassen zertruckt/ das seines Lebens kein Hoffnung mehr verhanden. Man thut ein Gelübd/ vnd ruefft die Mutter Gottes an/ folgenden Tag ist der Knab widerumb gantz frisch vnd gesund.

3. Eraßmus Forsters/ zu Seiberstorff zwayjähriges Kind/ ware wegen gehabter grossen Kranckheit gantz für todt gehalten. Der Vatter verlobt solches zu vnser lieben Frawen nacher AltenOeting mit einem Pfund Wachs. Als er aber nichts erlangt/ verspricht er so vil Wachs als das Kind schwer ist; vnd macht das Kind sein lebtag nach AltenOeting zinßbar. Nach solchem hat er sein Kind widerumb von dem Todt oder tödlichen Kranckheit erhalten vnd bekommen.

4. Im Jahr 1490. belägert Kayser Maximilian der Erste/ Newstatt in Oesterreich/ so die Vngarn zuvor hetten einbekommen.

G 4

Linke Seite: Altötting zur Zeit der ersten Wunder. Das Oktogon bildet den Mittelpunkt des von Bauernhöfen umgebenen Platzes. Rechts davon steht die spätromanische, 1245 eingeweihte Stiftskirche, am Bildrand links die Kirche St. Michael, die bereits 1383 urkundlich erwähnt wurde und ihre heutige Gestalt 1469 erhalten hat. Im Vordergrund fließt der Mörnbach, am rechten Bildrand sieht man das Schloss Kolberg, das später in Josefsburg umbenannt wurde.

Das erste Marienwunder

Das erste Marienwunder von Altötting: Ein dreijähriger Knabe aus Altötting fällt in den Mörnbach und treibt eine halbe Stunde im Wasser dahin. Endlich wird er leblos herausgezogen. Die Mutter trägt das Kind aus großem Vertrauen zur Muttergottes in die Heilige Kapelle, legt es auf den Altar und fleht um das Leben des Kindes. Bald wird der Knabe wieder lebendig (alle Szenen aus dem Marienfilm von 1950).

Aufgrund des Berichts von Jacobus Irsing setzte der Regisseur und Drehbuchautor Anton Kutter das erste Wunder in seinem 1950 entstandenen Marienfilm eindrucksvoll in Szene. Die Schauspielerin Franziska Kinz verkörperte dabei die Mutter, die Rolle des dreijährigen Knaben wurde mit Liesl Kirchhoff besetzt.

Das zweite Wunder von Altötting

Dem Erweckungswunder folgte im gleichen Jahr ein sogenanntes Heilungswunder, das ebenfalls in der Chronik von Jacobus Irsing beschrieben ist: Bei der Ernte setzte ein Bauer seinen sechsjährigen Sohn auf das Handross. Der Junge fiel vom Pferd, geriet unter den Wagen und wurde so stark zerquetscht, dass keine Hoffnung bestand, das Unglück zu überleben. Man bat die Muttergottes von Altötting um Hilfe und sprach ein Gelübde. Am nächsten Tag war der Junge wieder gesund.

Da im Quellentext die näheren Umstände und der Ort des Unglücks nicht angegeben sind, war die Vorstellungskraft des Dioramenbauers Reinhold Zellner gefragt, als es um die künstlerische Umsetzung dieses Wunders im ersten Großraumbild der Dioramenschau ging. Großer Wert wurde dabei auch auf die historisch getreue Darstellung des Hofmarkdorfs Altötting gelegt, so weit es die damals vorhandenen schriftlichen Aufzeichnungen zuließen.

Weitere Wunderzeichen und Gebetserhörungen

Wie ein Lauffeuer verbreitete sich die Kunde von der Wundertätigkeit der Muttergottes von „Alten Oeting". Von nun an wurden zahlreiche wundersame Geschehnisse aus vielen bayerischen Ortschaften, aber auch aus anderen Ländern wie Württemberg, Salzburg, Tirol, Böhmen, Schweiz, Österreich und Ungarn gemeldet. Zwar waren es nicht immer Wunder im strengen Sinne, aber sicherlich auffallende Gebetserhörungen, die in Mirakelschriften festgehalten wurden. Irsings Chronik berichtet beispielsweise über insgesamt zehn Wunderzeichen von 1487 bis 1490 und vielen weiteren aus den folgenden Jahren. Neben den schon länger bestehenden bayerischen Marienwallfahrtsorten wie Bogenberg, Tuntenhausen und Dorfen gab es jetzt für das gläubige Volk ein weiteres Gnadenbild der fürsprachemächtigen Muttergottes.

Das 1. Großraumbild der Dioramenschau Altötting zeigt, wie sich das zweite Wunder von Altötting zugetragen haben könnte.

Um 1490 – Aufblühen der Wallfahrt

Starker Pilgerstrom

Beim Aufblühen der Wallfahrt kam Altötting die tiefe Frömmigkeit, verbunden mit dem Wunderglauben der damaligen, überwiegend bäuerlichen Bevölkerung zugute. So berichtet Johann Scheitenberger in seiner Übersetzung der Chronik des Jesuitenpaters Jacobus Irsing aus dem Jahr 1643: „Nachdem Alten-Oettingen umb das Jahr 1489 durch die täglich sich zutragende wunderwerck weit und breit zu floriren und berühmt zu werden angefangen, hat die wahl- oder kirchfahrt dermaßen zugenommen, dass die mänge des volcks die kirchen nicht hat fassen mögen." Dass diese Schilderung nicht übertrieben ist, beweisen die zahlreichen Opfergaben der Pilger nach Altötting.

Zahlreiche Opfer- und Votivgaben

Die erste zuverlässige Kunde über Wallfahrten und Opfergaben nach Altötting stellt die älteste und einzige aus dem 15. Jahrhundert erhaltene Kapellrechnung von 1492 dar. In ihr sind Opfergaben im Wert von 12.375 Pfund Pfennig verbucht, was dem Wert von 7.000 Kühen entsprach. Geopfert wurden Geld (rd. 7.700 Pfund Pfennig), 39 Zentner Wachs, 324 Kleider, Schleier oder Pelze, 64 Stück Großvieh (darunter 24 Pferde), 13 Stück Kleinvieh wie Ziegen, Kälber und Lämmer, ca. 3.700 Hühner, rd. 60.000 Pfund Flachs sowie Naturalien wie Getreide, Schmalz, Käse und Eier im Wert von ungefähr 65 Pfund Pfennig. Zwei Zechpröpste waren damit beschäftigt, die Opfergaben in Empfang zu nehmen, aufzuschreiben und die Naturalien zu verkaufen. Die Menge der Naturalopfer lässt im übrigen auf eine starke Opfer- und Wallfahrtsbeteiligung der bäuerlichen Bevölkerung schließen.

Opfergaben der bäuerlichen Bevölkerung sind u. a. Tiere (Kälber, Schafe, Hühner und Gänse), Holzkreuze und Betten des Krankenlagers.

Der Ritter opfert sein Pferd oder den Schätzwert dafür, die vornehme Dame bringt Schmuck, Pelze, Geld oder Kleider.

Adel und Bürger als Pilger

Auch der Adel und das Bürgertum standen bei den Pilgerfahrten nicht zurück. So hinterließ 1491 Herzog Georg der Reiche von Bayern-Landshut, zu dessen Gebiet Altötting gehörte, am Gnadenort eine Weihegabe und traf hier mit dem Habsburger Kaiser Friedrich III. zusammen. Auch dessen Sohn, Kaiser Maximilian I., soll 1493 Altötting besucht haben. Im gleichen Jahr fand die erste große Fußwallfahrt der Stadt Landshut nach Altötting statt: Nach einem Bericht des Augenzeugen Veit Arnpeck folgten elf Priester und 1.500 Laien betend und singend den Trägern des Kreuzes und wehender Fahnen sowie einer rund 100 Pfund schweren Opferkerze.

Titelbild der Mirakelschrift von Issickemer

Weitere Wunderzeichen

Noch größeren Zulauf erlangte der Gnadenort durch zahlreiche Berichte über weitere Wunderzeichen, die der Fürsprache der Muttergottes von Altötting beim Gnadenthron zugeschrieben wurden. Bereits 1494/95 wurde in Augsburg die erste Mirakelschrift gedruckt mit dem Titel „Vermerkt die großen Wunderzeichen, welche die Jungfrau Maria zu Alten Ötting an vielen Christenmenschen gewirkt hat", in der ein unbekannter Verfasser auf sieben Seiten über 25 Wunder berichtet. 1498 erschien in Nürnberg „Das Büchlein der Zuflucht zu Maria der Mutter Gottes in Alten Ötting", in dem der Altöttinger Chorherr Jakobus Issickemer 77 Mirakel aus der Zeit von 1495-1497 beschreibt.

Votivtafeln

Für wunderbare Hilfe in Notlagen brachten dankbare Menschen schon bald nach dem Beginn der Wallfahrt Votivbilder nach Altötting. Im Laufe der Jahrhunderte wurden im Umgang der Gnadenkapelle Tausende solcher Dankestafeln angebracht. Die ältesten erhaltenen Votivbilder in Altötting stammen aus den Jahren 1501 und 1517.

Auch in unseren Tagen vertrauen Gläubige auf die Hilfe der Altöttinger Muttergottes und bitten sie um Fürsprache bei Gott. Als Zeugnis für erwiesene Gnade bringen sie wie in früheren Zeiten Votivtafeln.

Die ältesten Altöttinger Votivtafeln berichten über die Heilung aus schwerer Krankheit und den glimpflichen Verlauf eines Reitunfalls. Die Votivtafel aus dem Jahr 2004 gibt Zeugnis vom Glauben an die Hilfe der Muttergottes von Altötting auch in unseren Tagen.

Altötting um 1510: Um Gelübde zu erfüllen, Dank abzustatten, Schuld zu sühnen oder um Hilfe zu bitten, bringen Menschen aus vielen Gebieten Deutschlands und aus dem Ausland ihre Opfergaben dar, die teilweise Symbolcharakter besitzen. Vom heutigen Tillyplatz aus gesehen steht die umgebaute und erweiterte Stiftskirche kurz vor ihrer Fertigstellung. An der Südseite der Kirche war bereits 1228 der Anbau eines Kreuzganges begonnen und 1420/30 die Peterskapelle (heute Tillykapelle genannt) erbaut worden (im Bild links von der Stiftskirche). Im Hintergrund rechts befindet sich das Oktogon neben der sagenumwobenen uralten Linde.

Landshuter Erbfolgekrieg

1498 waren die Spenden frommer Pilger derart angewachsen, dass die Gnadenkapelle als juristische Person Gläubiger von Herzog Georg dem Reichen werden konnte. Er entlieh aus dem Kapellschatz die für die damalige Zeit ungeheuere Summe von 57.000 Gulden. Ab 1503 verzeichnete allerdings die Wallfahrt nach Altötting für einige Jahre einen gewaltigen Rückgang.

Gründe hierfür waren das Katastrophenjahr 1503 mit Missernten, Hungersnot und Seuchen sowie der sich anbahnende Krieg um das Erbe Herzog Georgs des Reichen nach dessen Tod am 1. Dezember 1503. Da der Herzog und seine Frau Jadwiga (Hedwig) von Polen keine männlichen Nachkommen hatten, setzte Georg in seinem Testament von 1496 seine Tochter Elisabeth als Erbin ein. Dies widersprach jedoch einer Vereinbarung der beiden Wittelsbacher Linien mit ihren Teilreichen Bayern-München und Bayern-Landshut, wonach die Linie ohne an die Linie mit männlichen Nachkommen fallen sollte.

So kam es zum Landshuter Erbfolgekrieg zwischen Herzog Albrecht IV. von Bayern-München und Bayern-Landshut mit Pfalzgräfin Elisabeth und deren Ehemann Ruprecht von der Pfalz (1481-1504). Im Verlauf des Landshuter Erbfolgekrieges (1504-1505) wurde von den Landshutern, zu dessen Herrschaftsgebiet Altötting zählte, der Kapellschatz requiriert und großenteils zur Finanzierung des Krieges verwendet. Der Krieg brachte Not und Elend für die Bevölkerung und endete 1505 mit dem Sieg von Bayern-München.

Herzog Albrecht IV. der Weise (1447-1508)

Herzog Georg der Reiche (1455-1503)

Das Goldene Rössl – ein Meisterwerk französischer Goldschmiedekunst

Das Goldene Rössl

1509 beglich der nachmalige Kurfürst Friedrich II. von der Pfalz die Schulden seines Rechtsvorgängers Herzog Georg des Reichen und dessen testamentarischen Erben Ruprecht von der Pfalz, der während des Landshuter Erbfolgekriegs im August 1504 an der Ruhr verstorben war. Da eine Bar-Rückzahlung der 57.000 Gulden unmöglich war, überließ Friedrich der Heiligen Kapelle elf Meisterwerke französischer Goldschmiedekunst der Spätgotik.

Sie waren aus dem Besitz König Karls IV. von Frankreich und dessen Ehefrau Isabeau in den der Wittelsbacher von Bayern-Ingolstadt übergegangen. Seit dem Aussterben der Ingolstädter Linie 1447 waren sie im Besitz von Bayern-Landshut. Die Werke aus gediegenem Gold und Silber waren mit weißem und leuchtend buntem Emaille überzogen. Lediglich eines der Meisterwerke überstand die Säkularisation zu Beginn des 19. Jahrhunderts.

Das weltberühmte „Goldene Rössl" war viele Jahre Kern- und Prunkstück der alten Schatzkammer von Altötting. Dieses einmalige Kunstwerk, ein Neujahrsgeschenk (1404) der Königin Isabeau aus dem Hause Wittelsbach an ihren Gemahl König Karl IV. von Frankreich, besitzt unschätzbaren Wert und lockt auch in der neuen Schatzkammer unzählige Bewunderer an.

Umbau der Stiftskirche

Nach Beendigung des Landshuter Erbfolgekriegs setzte erneut ein Pilgerstrom nach Altötting ein. Die zahlreichen Opfer- und Votivgaben an die Muttergottes von Altötting ermöglichten den kostspieligen Umbau bzw. die Erweiterung der romanischen Basilika zur spätgotischen Stiftskirche unter der Leitung des Burghauser Baumeisters Jörg Perger. Nach zwölfjähriger Bauzeit (1499-1511) nahm Bischof Berthold von Chiemsee die Einweihung der vergrößerten und z.T. neu gebauten Kirche vor. „Dieses Gotteshaus ist erbaut von dem Gottsbrat (Opfergaben) Unserer Frau und frommer Leute Gab": So verkündet es eine Bautafel mit der Jahreszahl 1499 an der Ostseite der Stiftskirche.

Im Umgang der Kapelle lassen sich Gläubige messen und wiegen, um sich symbolisch als Wachsfigur zu opfern. Aus den Figuren zieht man Kerzen, die man am Gnadenaltar entzündet. An den Außenwänden werden Opfergaben angebracht.

Anbau des Langhauses

Bis zum letzten Jahrzehnt des 15. Jahrhunderts bestand die heutige Heilige Kapelle lediglich aus dem Oktogon. Um mehr Raum für die Pilger zu schaffen, wurde an den turmähnlichen Achteckbau ein Langhaus mit Glockentürmchen angebaut. Ein überdachter Umgang um das gesamte Gebäude bot Schutz vor Wind und Wetter. Daher konnten an den Außenwänden der Gnadenkapelle um 1520 große Mirakeltafeln und im Laufe der Zeit Tausende von Votivbildern angebracht werden. Außerdem entwickelte sich der Brauch, hölzerne Kreuze bereit zu stellen, die Pilger auf ihren Schultern um die Kapelle tragen – manchmal sogar auf Knien rutschend.

Opfergaben

Das Langhaus diente auch zur Unterbringung der Opfergaben. Unter anderem standen darin Figuren aus Wachs. An der Stelle der heutigen Sakristei in der Südwestecke des Langhauses befand sich früher der sogenannte „Hennenkhobl". Hier waren die zahlreich geopferten Hühner eingesperrt, bis sie verkauft wurden.

Der Erlös aus dem Verkauf aller Opfergaben durch die Zechpröpste wanderte in Schatztruhen in den Untergeschossen der Stiftskirche. Aus Sicherheitsgründen konnten die Truhen nur von drei Personen geöffnet und geschlossen werden, die über je einen Schlüssel verfügten.

Durch das um 1495 angebaute Langhaus gelangt man in das Oktogon, in dem das geschnitzte Gnadenbild mit dem nach einem Stich von Raphael Sadeler gestalteten Gnadenaltar zu sehen ist. Der Brauch, das Gnadenbild mit einem kostbaren Skapulier über einem sog. „Gnadenröckl" zu bekleiden, entwickelte sich erst später. Im Innern des Langhauses opfert eine Bäuerin eine schwarze Henne für die Genesung ihres Sohnes. Der Legende nach wurde die Henne weiß und gleichzeitig der Junge zuhause gesund.

Spätgotische Mirakeltafeln

Seit etwa 1520 bedecken 56 Mirakelbilder rund ein Drittel des oberen Teils der Außenmauer der Heiligen Kapelle. Grundlage dieser Tafelbilder sind in Mirakelbüchern festgehaltene Berichte von Pilgern über die wundersame Hilfe nach Anrufung der Muttergottes von Altötting in ernsten und lebensbedrohlichen Notlagen, hervorgerufen durch Krankheit, Krieg oder Unglücksfälle. Da viele Menschen jener Zeit weder lesen noch schreiben konnten, beschloss man drei Jahrzehnte nach Beginn der Altötting-Wallfahrt, einige der Mirakelberichte in Wort und Bild darzustellen und im Umgang der Gnadenkapelle aufzuhängen.

Bei den Mirakelbildern handelt es sich um eine Auftragsarbeit der Altöttinger Kapellverwaltung, die der Wallfahrtspropaganda dienten. Die Mirakeltafeln sind zeitgeschichtliche Dokumente von unschätzbarem Wert. Die meisten der Tafelgemälde sind ca. 2 m hoch und in der Gestaltung einheitlich. Die bildliche Darstellung der jeweiligen Notlage im oberen Teil der gerahmten Tafel wird ergänzt durch den Mirakelbericht in der Sprache und Schrift der damaligen Zeit.

Man geht davon aus, dass sie von drei verschiedenen Malern geschaffen wurden und dass der Zyklus der 56 Bilder in mindestens drei Schritten entstand. Die Künstler werden dem Umkreis der „Donauschule" zugeordnet, als deren Hauptvertreter Albrecht Altdorfer aus Regensburg gilt.

Abb. rechts: Die Mirakeltafel berichtet von einem Wunderzeichen aus dem Jahre 1491: Ein Mann will Eis von einem Mühlrad entfernen, fällt dabei unter das Rad und wird von ihm erfasst. Danach gerät er kopfüber unter ein Mühlschiff und wird abgetrieben. Er kann sich vom Schiff befreien, gerät aber unter den Eisblock und wird bewegungsunfähig von einem Ufer zum anderen geschwemmt. Da erscheint ihm die Muttergottes von Altötting und durch ihre Hilfe entrinnt er dem Eis und dem Wasser ohne weiteres Leid.

Niedergang der Wallfahrt durch die Reformation 1520-1570

Reformen durch Wilhelm IV.

Herzog Wilhelm IV., der Standhafte, regierte in Bayern von 1508 bis 1550 in einer für den katholischen Glauben schwierigen Zeit. Durch die von Wilhelm IV. 1517 erlassene vereinheitlichte „Stifts- und Kapellordnung" wurden klare Verhältnisse geschaffen. Sie enthielt eine Trennung zwischen dem Chorherrenstift und der Hl. Kapelle. Bis dahin hatte das Chorherrenstift, bestehend aus Stiftspropst, Dechant und Kapitel die Heilige Kapelle verwaltet. Jetzt schuf man eine eigene Kapelladministration aus geistlichen und weltlichen Amtsleuten, die von der Kapelle besoldet wurden. An der Spitze der Kapellverwaltung stand der Dechant als erster Geistlicher Kapelldirektor.

Zudem trat der Herzog in seinem Erlass den offenbar auch im Altöttinger Klerus herrschenden und zersetzenden Missständen und Unsitten entgegen, die wegen der Heiligkeit der Stätte besonders Ärgernis erregend waren. Unter Strafandrohung schärfte er dem Stift die gewissenhafte Erfüllung der gottesdienstlichen Verpflichtungen ein. Dies war auch notwendig, denn die Priester zeigten sich unwissend selbst in den wichtigsten Glaubensfragen und unsicher in der kirchlichen Praxis. Die Reformbestrebungen kamen aber zu spät, um den folgenden Niedergang der Altötting-Wallfahrt zu verhindern.

Wilhelm IV. (1493-1550)

Martin Luther (1483-1546)

Glaubensspaltung durch Martin Luther

Die Reformation durch Martin Luther spaltete die Gläubigen Deutschlands in zwei große Lager. Sie bewirkte einen Tiefpunkt der Wallfahrt über mehrere Jahrzehnte hinweg. Vielerlei Missstände bei Klerus, Fürsten und Volk hatten den Boden für die Reformation bereitet. Bereits um 1520 wurden die Schriften Luthers auch in Bayern gedruckt und verbreitet. Die neue Lehre fand auch im Einzugsbereich Altöttings ihre Anhänger. So hielten sich die Bürger Neuöttings einen lutherischen Prädikanten und das Bild Marias wurde aus Neuöttings Magistratssiegel und dem Stadtwappen entfernt. Anhänger Luthers versuchten, das Landvolk im Raum Altötting-Burghausen für die Reformation zu begeistern, zum Vernichtungskampf gegen alles Römisch-Katholische aufzurufen und insbesondere Wallfahrtszüge nach Altötting zu vereiteln.

Dass es dabei nicht an Gewalttaten fehlte, verdeutlichen zwei Beispiele: Aufgewiegelte Bauern griffen im wenige Kilometer entfernten Mörmoosen Pilger tätlich an. Der Pfarrer von Tacherting, der einen anderen Bittgang begleitete, wurde auf dem Pilgerweg vom Volk verspottet und tödlich misshandelt.

Unruhige Zeiten: Pilger werden tätlich angegriffen.

Kritik an der Marienverehrung

Zwar hatten sich die „Glaubenserneuerer" nicht sofort gegen die Verehrung und Anrufung Marias als Fürbitterin gewandt, aber die mit der Marienverehrung – vor allem mit Rosenkranzgebet und Wallfahrten – verbundenen Ablässe, hatten schon früh erste Ansatzpunkte zur Kritik durch die Lutheraner geboten. Öffentliche Lästerungen gegen die Mutter Gottes sowie die Verspottung der Wallfahrt, der Heiligen- und Reliquienverehrung standen bald auf der Tagesordnung. Manche nicht tief genug verankerte marianische Wallfahrt überstand den Sturm der Glaubensspaltung nicht oder verlor erheblich an Zugkraft wie z. B. die einstmals bedeutende Wallfahrt nach Maria Dorfen, die erst im 17. und 18. Jahrhundert eine neue Blütezeit erlebte.

Kaiser Karl V. (1500-1558)

Vereinzelte Lichtblicke

In der Reformationszeit wandten sich viele Fürsten und Landesherren vom katholischen Glauben ab, so auch die meisten Mitglieder des Thüringer Geschlechts der Grafen von Mansfeld. Eine der wenigen Ausnahmen war Graf Hoyer VI. von Mansfeld (†1540), der zeitlebens in enger Beziehung zum Gnadenort Altötting stand. Er stiftete eine große Orgel für die Stiftskirche und weihte der Heiligen Kapelle zwei große Brustpanzer sowie einen Helm. Ebenso spendete er eine große Summe zur Feier eines „ewigen Samstagamts" am Gnadenaltar.

Der Besuch von Karl V. im Jahre 1541 beweist die große Wertschätzung des Gnadenortes durch den Kaiser des Heiligen Römischen Reiches Deutscher Nation aus dem Hause Habsburg. Vom Reichstag zu Regensburg, der für den Kaiser unbefriedigend endete, da eine Verlängerung des Nürnberger Religionsfriedens von 1532 mit dem Recht der evangelischen Stände auf Religionsfreiheit beschlossen worden war, führte der Weg des Kaisers nach Altötting. In Zeiten des Krieges und der religiösen Uneinigkeit wird er in der Gnadenkapelle die Muttergottes um Hilfe gebeten haben.

Tiefstand der Opfergaben

Nach diesen zwei Lichtblicken erlebte Altötting von 1550 bis 1565 die traurigste Zeit seiner Wallfahrtsgeschichte. Die Anziehungskraft „Unserer Lieben Frau von Altötting" schien versiegt zu sein. Kirchfahrten und Opfergaben hörten fast völlig auf. So betrug der Wert der gesamten Opfergaben des Jahres 1560 lediglich rund 80 Gulden gegenüber 13.000 Gulden aus dem Jahr 1492. Herzog Albrecht V. stand der Erhaltung des katholischen Glaubens zunächst gleichgültig gegenüber, wodurch auch der Streit um die Marienverehrung erneut entbrannte.

Das Nachtbild verdeutlicht und symbolisiert den Tiefstand der Wallfahrt im Zeitalter der Reformation. Der Schein des Mondes beleuchtet die unheimliche Szene: Von religiösen Fanatikern niedergeschlagen liegt der Kapellwächter in seinem Blut. Eine Fackel hat ein Loch in das Holzdach des Kapellumgangs gebrannt und ein Bauernpaar ist überfallen worden. Der an die Linde gebundene Bauer wird mit Eiern beworfen, die seine Frau unter der Schürze versteckt hatte und der Altöttinger Muttergottes opfern wollte.

Der „Tod von Eding" in der Stiftskirche

Pestjahre – der „Schwarze Tod" in Altötting

Tödliche Gefahr

Fast ein Jahrhundert lang forderte der „Schwarze Tod" auch in Altötting seine Opfer. Erstmals suchte die Pest den Gnadenort in den Jahren 1562/63 heim, als die Wallfahrt ohnehin schon einen Tiefpunkt erlebte. Im Gegensatz zu anderen Orten, wo der „Schwarze Tod" einen Großteil der Bevölkerung ausrottete, forderten die Pestjahre in Altötting verhältnismäßig wenig Todesopfer. Dies wird u.a. auch der Hilfe „U.L. Frau von Altötting" zugute geschrieben, an die sich nicht nur die Einheimischen, sondern auch Gläubige aus der Ferne in ihrer Not wandten. Dies beweisen zeitgenössische Votivbilder, die im Umgang der Kapelle den Dank für die Genesung von der unheimlichen Krankheit ausdrücken und später Anlass für die Einlösung eines Gelübdes durch eine Wallfahrt nach Altötting waren.

Wallfahrt als Risiko

Zunächst aber sorgten die Pestjahre 1611, 1627, 1634, 1649 und 1663 für einen gewaltigen Rückgang der Pilgerzahlen. Aus Angst vor Ansteckung wagten sich die Menschen nicht nach Altötting. Am schlimmsten wütete die Pest 1649, ein Jahr nach Beendigung des 30jährigen Krieges. Als äußeres Mahnzeichen an die Seuchenzeiten schwingt seit dem 16. Jh. der berühmte „Tod von Eding" auf der Standuhr in der Stiftskirche unaufhörlich die Sense. Wann die Figur nach Altötting kam, steht nicht fest. Ihre erste Erwähnung fand sie anlässlich einer Reparatur der Standuhr im Jahre 1664.

Das Diorama zur Pestzeit symbolisiert den Umgang der Bevölkerung mit der tödlichen Krankheit. Während der Junge unbefangen mit dem Feuer spielt, macht sich die Mutter große Sorgen um das Leben ihrer Familienmitglieder. Die Großmutter fleht die Muttergottes um Hilfe an und der Großvater verlässt voller Gram den Raum. Auf der Gasse werden die Toten auf den Pestkarren geladen, um sie rasch zu begraben, damit sich die Seuche nicht weiter ausbreitet. Ein Wohltäter verteilt Brot an die Einwohner Altöttings, die ihre Häuser aus Angst vor der Ansteckungsgefahr verbarrikadiert haben.

Dr. Martin Eisengrein (1535-1578)

Aufschwung durch Stiftspropst Eisengrein

Professor und Stiftspropst

Nach dem absoluten Tiefpunkt trug Dr. Martin Eisengrein (*1535 in Stuttgart, †1578 in Ingolstadt) in seiner Eigenschaft als Altöttinger Stiftspropst als einer der führenden Köpfe des Katholizismus entscheidend zum kräftigen Aufschwung der Altötting-Wallfahrt bei.

Der Protestant studierte in Tübingen, Ingolstadt und Wien, wo sein Onkel Jonas kaiserlicher Vizekanzler war. 1555 wurde er in Wien Professor für Rhetorik, 1557 Professor für Physik. 1558 trat er zur katholischen Kirche über und studierte Theologie. 1560 wurde Eisengrein Domprediger in Wien, 1562 Prediger in Ingolstadt und 1564 Professor für Theologie und zugleich Propst von Moosburg und Altötting. Als Gesandter Herzog Albrechts V. von Bayern nahm er 1563/64 in Wien an den Verhandlungen über Laienkelch und Priesterehe teil. 1568 berief ihn Kaiser Maximilian II. zum Hofprediger nach Wien. 1570 kehrte Eisengrein als Inspektor an die Universität Ingolstadt zurück.

Die in das sog. „Canisius-Altärchen" eingearbeitete Madonnenstatue des Schnitzers Hans Leinberger erinnert an den Exorzismus von 1570 und ist in der Neuen Schatzkammer im Haus Benedikt XVI. zu besichtigen.

Teufelsaustreibung 1570

Eine spektakuläre Teufelsaustreibung war einer der Gründe für die ungeahnt rasche Aufwärtsentwicklung der Wallfahrt nach Altötting. Der Exorzismus wurde im Januar 1570 in der Gnadenkapelle durch den 1925 heilig gesprochenen Jesuiten Petrus Canisius (1521-1597) vorgenommen. Der erkrankte Stiftspropst Eisengrein konnte dem Ereignis zwar persönlich nicht beiwohnen, obwohl er in Altötting weilte, benannte aber in seiner ausführlichen Beschreibung 16 Augen- und Ohrenzeugen.

Das Winterbild zeigt im Altöttinger Propsteihof den berühmten Jesuitenpater Petrus Canisius vor dem letzten und erfolgreichen Versuch der Teufelsaustreibung in der Gnadenkapelle, nachdem sie in Augsburg nur teilweise zum Erfolg geführt hatte. Canisius verwendete dabei die Madonna des Landshuter Bildhauers Hans Leinberger. In der von Dienern getragenen, vergitterten Sänfte befindet sich Anna von Bernhausen, das besessene 17jährige Kammerfräulein der Augsburger Kaufmannsfamilie Marx Fugger. Rechts im Bild erteilt der erkrankte Stiftspropst Eisengrein seinen Segen, während sein Sekretär das Ereignis protokolliert.

Die Teufelsaustreibung soll sich nach einer Schilderung von Martha Schad im Buch „Die Frauen im Hause Fugger von der Lilie" wie folgt zugetragen haben:

Anna von Bernhausen, ein 17jähriges adeliges Kammerfräulein der Familie Marx und Sibylla Fugger ist von sieben Teufeln besessen. Sechs davon können in Augsburg bei St. Ulrich und Afra ausgetrieben werden. In einer Ohnmacht erscheint Anna die Jungfrau Maria und offenbart ihr, dass der siebte Teufel nur in der Wallfahrtskapelle von Altötting exorziert werden kann. Marx (Markus) und Sibylla Fugger, Petrus Canisius und die entsprechende Dienerschaft pilgern am 21. Januar 1570 zur Gnadenmutter von Altötting und begeben sich noch am gleichen Abend in die Kapelle.

Unter ständigem Beten beschwört und befragt Canisius den Teufel, wie oft er das Mädchen noch peinigen wolle und erhält als Antwort: „Noch 24 mal." Das Kammerfräulein wird mit solcher Wucht zu Boden gestoßen, dass es fünf Personen halten müssen. Wiederholt setzt es Marx Fugger auf seinen Schoß, um es besser halten zu können. Nach fortdauerndem Beten, dramatischem Ringen mit dem Teufel und schrecklichen körperlichen Qualen für die junge Frau ist der Exorzismus am 23. Januar erfolgreich beendet. Während der Teufelsaustreibung soll Petrus Canisius eine Madonna des Schnitzers Hans Leinberger verwendet haben, die er dem Mädchen während der Beschwörung mehrfach von hinten auf den Kopf gehalten hat.

Den Bericht über den Exorzismus veröffentlichte Eisengrein in seiner 1571 erschienenen Schrift „Unser liebe Fraw zu Alten Oeting", die weitere 40 Mirakelberichte enthält. Das Buch – eine Rechtfertigung des katholischen Glaubens und der Marienverehrung im Allgemeinen sowie der Wallfahrt zu „U. L. Frau von Altötting" im Besonderen – fand weite Verbreitung und belebte die Wallfahrt nachhaltig. Dass dadurch eine kritische Gegenschrift des protestantischen Theologen Johann Marbach hervorgerufen wurde, machte Altötting nur noch umso bekannter.

Päpstliche Auszeichnung

1571 verlieh Papst Pius V. an Dr. Martin Eisengrein in Anerkennung seiner Verdienste um die katholische Kirche in Bayern und um Altötting für ihn und alle ihm nachfolgenden Stiftspröpste von Altötting das Recht auf die Pontifikalien (Mitra, Bischofsstab und Bischofsring). Dr. Eisengrein war somit der erste infulierte Stiftspropst von Altötting. Herzog Albrecht V. ließ es sich nicht nehmen, dem hochgeschätzten Theologen Mitra und Stab in kostbarer Ausführung zu schenken.

Abb. links: Papst Pius V. verleiht dem Altöttinger Stiftspropst Dr. Martin Eisengrein das Recht auf die Pontifikalien (Darstellung von Benedikt Kapfer im Chorgestühl der Altöttinger Stiftskirche 1796).

Herzog Albrecht V.
(1528-1579)

Herzogin Anna von Österreich
(1528–1590)

Herzog Wilhelm V.
(1548-1626)

Herzogin Renata von Lothringen
(1544–1602)

Blütezeit während der Gegenreformation

Förderung durch Albrecht V.

Herzog Albrecht V. (1550-1579) stand im Gegensatz zu seinem Vater Wilhelm IV. zunächst dem Protestantismus aufgeschlossen gegenüber.

Er wollte sogar die Entscheidung, ob sein ganzes Volk katholisch bleiben oder protestantisch werden sollte, vom Ausgang eines Schachspiels mit Kurfürst August von Sachsen abhängig machen. Dies verhinderte seine Gemahlin Anna von Österreich, die streng katholische Tochter Kaiser Ferdinands I. In ihrer Gewissensnot rief sie ihren Beichtvater, den Franziskaner Wolfgang Schmilkhofer, der unangemeldet in das Spielzimmer eindrang, den Spieltisch umstieß und dem Herzog unerschrocken seine Meinung sagte.

Im Zuge der Gegenreformation und unter dem Einfluss der Jesuiten trieb Albrecht V. die von seinem Vater begonnene katholische Restauration gegenüber der protestantischen Reformation voran. Zu den Beratern des Herzogs gehörte auch Dr. Martin Eisengrein. Anlässlich einer Wallfahrt im Jahre 1571 zeichnete Albrecht V. die Heilige Kapelle durch die „Albertinische Schenkung" aus, der reichsten Gabe an wertvollem kirchlichen Gerät und Ornat, die der Gnadenort jemals erhalten hat.

Marienverehrer Wilhelm V.

Die Wallfahrt nach Altötting erlebte unter Wilhelm V. dem Frommen (1579-1598), Sohn von Albrecht V., eine neue Blütezeit.

Sichtbares Zeichen seiner Frömmigkeit sind das in seinem Auftrag erbaute Jesuitenkolleg mit der Kirche St. Michael in München, einem Wunderwerk der Spätrenaissance in Bayern. Der glühende Marienverehrer unternahm Wallfahrten nach Tuntenhausen, Andechs und eine Pilgerreise nach Loreto.

Seine alljährliche Wallfahrt nach Altötting zeigt seine enge Verbundenheit mit der Altöttinger Muttergottes, der er 1581 die Stadt München weihte. Von Papst Gregor XIII. erhielt Wilhelm V. im gleichen Jahr die Erlaubnis zur Gründung der Erzbruderschaft „Mariae zu Alten Oetting", deren Mitglieder laut Satzung alle vier Jahre eine Wallfahrt nach Altötting unternehmen sollten. In der Folge wurden in Altötting selbst noch eine Reihe weiterer Bruderschaften gegründet, u. a. 1599 die „Marianische Männerkongregation", für deren gottesdienstliche Zwecke 1696 der Kongregationssaal neben der Kirche St. Magdalena erbaut wurde.

Die Seelsorge der Jesuiten

Trotz des Mangels an Patres gelang es Herzog Wilhelm V., zum Weihnachtsfest 1591 zwei Jesuiten nach Altötting zu holen. In Anerkennung ihrer segensreichen Tätigkeit ließ der Landesherr dem Orden Kirche und Kloster St. Magdalena erbauen, das 1596 nach vierjähriger Bauzeit von sechs Patres bezogen wurde. Die seelsorgerische Betreuung der Pilger durch die Jesuiten, die von 1591 bis 1773 am Gnadenort wirkten, belebte die Altötting-Wallfahrt nachhaltig.

In den Sommermonaten war es an der Tagesordnung, dass die Priester von 3 Uhr morgens bis in die Nacht Beichten abnahmen. Deshalb baten sie 1604 um Hilfskräfte, die sie in ihrer Tätigkeit unterstützten.

Folgende Aufstellung der Zahl der von Jesuiten abgenommenen Beichten und gespendeten Kommunionen verdeutlicht den Wallfahrtsaufschwung (Zusammenstellung nach Mater Dr. Angela König):

Jahr	Beichten	Kommunionen
1592	380	400
1593	800	800
1600	7.500	7.600
1617	40.300	34.000
1700	110.000	100.000

Sowohl das einfache Volk als auch Angehörige der höheren Stände wallfahrten als Mitglieder religiöser Gemeinschaften zur Muttergottes nach Altötting.

Linke Seite: Beginn der organisierten Wallfahrt um 1600. In die 1596 fertig gestellte Jesuitenkirche St. Magdalena (daneben das dazugehörige Kloster) zieht eine Wallfahrergruppe ein, begleitet vom Gesang der Kapellsingknaben. Zwischen Gnadenkapelle und Stiftskirche haben die Jesuiten am sog. „Wachskasten" eine Außenkanzel errichtet, da immer größere Pilgerscharen nach Altötting kommen und der Platz in den Kirchen nicht ausreicht.

Maximilian I. – Bewahrer des katholischen Glaubens in Bayern

Herzog und Kurfürst

Der bedeutendste Herrscher Bayerns aus dem Hause Wittelsbach regierte mit großer Umsicht 54 Jahre lang von 1597 bis 1651. Der Sohn von Wilhelm V. und Renata von Lothringen wurde von den Jesuiten streng katholisch erzogen und studierte ab 1587 zusammen mit seinem Vetter, dem späteren Kaiser Ferdinand II., in Ingolstadt. Schon ab 1597 übertrug ihm Wilhelm V. die Regierungsgeschäfte.

Nach der Gründung der Protestantischen Union 1609 schuf Herzog Maximilian die Katholische Liga, als deren Führer er ein schlagkräftiges Heer aufbaute und Kaiser Ferdinand II. im 30jährigen Krieg unterstützte. Nach dem Sieg über die böhmischen Stände in der Schlacht am Weißen Berg bei Prag 1620 und der Einnahme der Oberpfalz erhielt Maximilian I. 1623 vom Kaiser die Kurwürde.

Blutweihe und wertvolle Opfergaben

Als großer Marienverehrer stellte Maximilian Bayern unter die Schutzherrschaft von Maria und verlieh ihr vermutlich 1615 den heute noch oft verwendeten Ehrentitel „Patrona Bavariae". Bereits in seinem ersten Regierungsjahr wallfahrtete er zum Nationalheiligtum Altötting und wiederholte dies häufig, oft sogar beschwerlich zu Fuß. Maximilian brachte „U. L. Frau von Altötting" wertvolle Weihegaben dar und führte den Brauch des Gnadenbildkusses ein. Als erster Herrscher Bayerns weihte er sich 1645 in Altötting in einem mit eigenem Blut geschriebenen Brief der Muttergottes. Dieser doppelt versiegelte Blutweihebrief wurde in einem Holzkästchen geborgen und unterhalb des von Maximilian selbst gestifteten, mit Silber beschlagenen Schautabernakels des Gnadenbildes versteckt.

Maximilian I. (1573-1651)

Die wertvollsten Geschenke Maximilians waren zwei Kronen im Wert von über 12.000 Gulden. Die Muttergottes erhielt eine kaiserliche Krone und das Jesuskind eine dreifache Krone ähnlich der päpstlichen Tiara. Allein für die Madonnenkrone verarbeitete der Goldschmied 940 Diamanten und Rubine, sowie 790 orientalische Perlen. Ebenso ließ Maximilian zwei goldene, mit Perlen und Edelsteinen besetzte Zepter für die Madonna und das Jesuskind anfertigen. Die beiden Kronen wurden 1786 verkauft, während die Zepter erhalten blieben.

Kurfürst Maximilian mit Gefolge bei einer seiner zahlreichen Fußwallfahrten zur Muttergottes von Altötting (Szene Marienfilm 1977)

Nach dem Tod des Kurfürsten 1651 wurde sein Herz im Boden des Oktogons der Gnadenkapelle bestattet. Dort ruhten bereits die sterblichen Überreste von Gräfin Lucia Ottilie Slawata (1633) und Herzogin Mechthildis (1634) sowie das Herz Graf Tillys (1637). 1666 erfolgte die letzte Leichenbestattung von Maximilians Bruder Albrecht VI., dem Ehemann von Herzogin Mechthildis.

Die Blutweihe Maximilians I.
(Szene Marienfilm 1950)

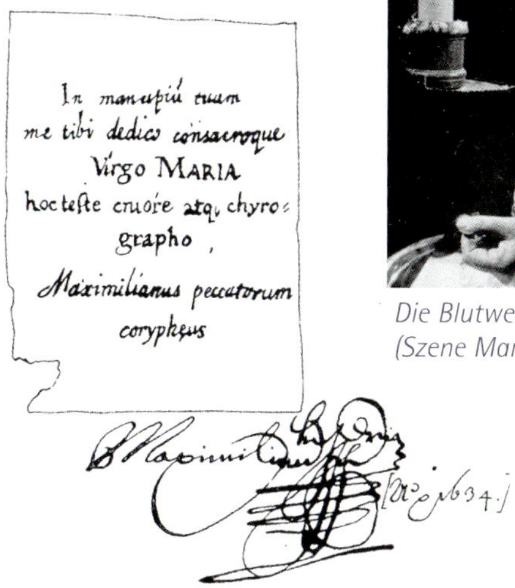

In mancipiu tuum
me tibi dedico consacroque
Virgo MARIA
hoc teste cruore atq, chyro=
grapho,
Maximilianus peccatorum
corypheus

Maximilian [Ao 1634.]

Der lateinische Text des Blutweihebriefes lautet, ins Deutsche übersetzt:

„Zu deinem Knechte übergebe und weihe ich mich dir, Jungfrau Maria, mit diesem Zeugnis des Blutes und der Handschrift, Maximilian der Sünder, Koryphäe (Größter aller Sünder)"

Elisabeth Renata von Lothringen (1574-1635)

Maria Anna von Österreich (1610-1665)

Fromme Gemahlinnen

In enger Verbindung zum Gnadenort standen auch die Gemahlinnen des Kurfürsten. Elisabeth Renata von Lothringen war es vorbehalten, das Gnadenbild 1632 in den Wirren des 30jährigen Krieges nach Salzburg zu flüchten (s. S. 63). Schon vorher hatte sie viele Stunden des Gebetes am Gnadenaltar verbracht und Weihegaben geopfert. Nach ihrem Tod ließ Maximilian I. ihre edelsten inneren Organe konservieren und im Boden des Oktogons versenken. An diese erste Urnenbestattung erinnert eine Gedenkplatte an der Wand der inneren Kapelle.

Maria Anna, die 2. Gemahlin des Kurfürsten und Tochter Kaiser Ferdinands II., war schon in ihrer Jugend nach Altötting gewallfahrtet. Anlässlich ihrer Hochzeitsfahrt von Wien nach München opferte sie ihr Brautgewand und besuchte als Kurfürstin jedes Jahr den Gnadenort. Wie zuvor schon Elisabeth Renata brachte auch sie der Muttergottes eigenhändig gefertigte Gaben dar (u.a. zwei gestickte Gnadenröckl sowie liturgische Gewänder). Sie sorgte auch dafür, dass ihre beiden Söhne und deren Gemahlinnen zu Verehrern der Altöttinger Muttergottes wurden.

Stiftspropst Graf von Wartenberg

Von großer Bedeutung für die Altötting-Wallfahrt war das Wirken eines Vetters von Kurfürst Maximilian. Franz Wilhelm Graf von Wartenberg war einer der bedeutendsten Fürstbischöfe von Osnabrück. Er entstammte einer nicht standesgemäßen Ehe Prinz Ferdinands von Bayern, dem dritten Sohn Herzog Albrechts V., und der Rentamtschreiberstochter Maria Pettenbeck aus Haag. Bereits mit 11 Jahren wurde Graf Wartenberg Stiftspropst von Altötting (1604-1661) und finanzierte aus den Einkünften sein Studium. Besondere Verdienste erwarb er sich bei den Verhandlungen zum Westfälischen Frieden von 1643-48.

Bereits 1616 hatte Graf Wartenberg durch den Abriss dreier Bauernhöfe an der Westseite den Kapellplatz erweitern lassen, um Raum zu schaffen für große Prozessionen und Gottesdienste. Anstelle der Gehöfte errichtete er den „Alten Chorherrenstock", der Platz für acht Kanoniker bot. Die Zahl der Stiftsgeistlichen wurde von vier auf 24 erhöht, sechs von ihnen unterhielt Wartenberg aus eigenen Mitteln. 1626 übereignete Wartenberg Altötting einen reichen Reliquienschatz.

Die Grabplatte aus Bronze von Probst Kardinal Wartenberg an der Südwand der Stiftskirche

1650 verlieh der Stiftspropst durch seine persönliche Anwesenheit dem Reliquienfest am Pfingstmontag neuen Glanz. Als Förderer der Franziskaner ermöglichte Graf Wartenberg 1653 die Niederlassung des Ordens in Altötting, dem 1654-57 Kirche und Kloster St. Anna erbaut wurden. Das Herz des wenige Monate vor seinem Tod von Papst Alexander VII. zum Kardinal ernannten Graf Wartenberg wurde gemäß seinem Testament am Übergang vom Langhaus zum Oktogon beigesetzt. Sein Körper ruht unter den Stufen zum Hochaltar der Stiftskirche.

Bildreihe von links: Kardinal Wartenberg (1593-1661). Ein Hartschier mit bayerischer Rautenfahne, Page mit Kurfürstenkrone. Rechts: Im Innern der Kapelle kniet Kurfürst Maximilian. Stiftspropst Graf Wartenberg reicht ihm das mit einem Barockmantel gekleidete Gnadenbild zum Kuss der linken Fußspitze. Dahinter steht Feldherr Graf Tilly. Dieses Zusammentreffen in Altötting ist übrigens in keiner Geschichtsquelle bezeugt.

30jähriger Krieg von 1618-1648

Johann T'Serclaes Graf von Tilly (1559-1632)
Gemälde von Gebhard Fugel in der Tillykapelle

Graf Tilly – der berühmte Feldherr

Maximilian I. beauftragte Johann T'Serclaes Tilly 1610 mit der Reorganisation des bayerischen Heerwesens. Bei Ausbruch des 30jährigen Krieges wurde Tilly zum Feldherrn der Katholischen Liga ernannt. In bayerischen Diensten siegte er in der Schlacht am Weißen Berg 1620 und nahm die Oberpfalz ein. Aufgrund seiner Siege erhob ihn Kaiser Ferdinand II. 1622 in den Grafenstand.

1630 wurde er nach der Entlassung Wallensteins zusätzlich zum Oberbefehlshaber der kaiserlichen Truppen ernannt. Die Einnahme von Magdeburg gemeinsam mit Pappenheim 1631 mit der folgenden Plünderung und Zerstörung der Stadt durch ein verheerendes Feuer schadete dem Ruf Tillys als untadeligem Kriegshelden.

Die Niederlage in der Schlacht bei Breitenfeld im September 1631 gegen das vereinigte schwedisch-sächsische Heer unter Gustav II. Adolf brachte Bayern in Gefahr und so kam es im April 1632 zu Tillys letztem Gefecht bei Rain am Lech.

Glühender Marienverehrer

Für die Altötting-Wallfahrt ist der aus Brabant stammende Graf Tilly in mehrfacher Hinsicht von großer Bedeutung, da der von den Jesuiten erzogene Feldherr ein glühender Verehrer Mariens und insbesondere der Muttergottes von Altötting war. Es ist geschichtlich bezeugt, dass sich der tiefgläubige Katholik dreimal in Altötting aufhielt, erstmals 1600.

Bei seiner zweiten Wallfahrt 1624 verweilte er drei und 1630 vier Tage am Gnadenort. Viele Stunden verbrachte er dabei in der Hl. Kapelle im Gebet vor dem Gnadenbild, dem er 1624 ein mit über 100 Diamanten besetztes Kleinod im Wert von 9.000 Gulden weihte, das ihm Isabella, die Infantin von Brüssel, verehrt hatte. Das Aussehen der Weihegabe ist nicht bekannt, da es im Auftrag Maximilians I. 1637 in Kronen für das Gnadenbild eingearbeitet wurde. Beim dritten Besuch stiftete Tilly 6.300 Gulden für eine tägliche Messe (das sogenannte Tilly-Beneficium), die bis zum Jahre 2009 am Gnadenaltar gelesen wurde.

Abb. links: Das Herz des Feldherrn ist in der Gnadenkapelle bestattet. Ein Kardiotaph in der Gnadenkapelle erinnert daran.

Abb. rechts: Einer unbestätigten Überlieferung zufolge ließ Napoleon Bonaparte bei seinem Aufenthalt in Altötting im Jahre 1806 den Zinnsarg des berühmten Feldherrn öffnen und eine Glasplatte einsetzen. Bis heute sind Tillys Gebeine in der Tillygruft im Kreuzgang der Stiftskirche zu besichtigen.

Letzte Ruhestätte in Altötting

Tillys Leibregiment führte eine Fahne mit dem Bild der Gnadenkapelle und der Altöttinger Muttergottes mit sich. Die von den Schweden vermutlich in der Schlacht bei Breitenfeld erbeutete Fahne befindet sich bis heute in Stockholm. Eine Kopie davon ist in der Altöttinger Tillykapelle zu sehen.

Tilly wurde zunächst in der Gruft der Ingolstädter Jesuitenkirche beigesetzt. Durch Kurfürst Maximilians Verbot von Ganzkörperbestattungen in der Altöttinger Gnadenkapelle konnte Tillys Wunsch nicht erfüllt werden und so fanden seine sterblichen Überreste in der nach ihm umbenannten alten Peterskapelle am 16. Juli 1652 seine letzte Ruhestätte. Durch ein Glasfenster im Metallsarg sind heute in der Tillygruft die Gebeine des „Muttergottes-Generals" zu besichtigen. Sein Herz aber ruht bereits seit August 1637 im Boden des Oktogons.

Auf den folgenden Seiten ist die Schlacht bei Rain am Lech dargestellt. Im größten Raumbild der Dioramenschau mit über 3.000 Figuren ist das Kriegsgeschehen vom 14. und 15. April 1632 zusammengefasst. Der weit gespannte landschaftliche Hintergrund zeigt rechts die Stadt Rain und links davon auf dem gegenüberliegenden Ufer die schwedische Heermacht mit dem weißen Zelt des Schwedenkönigs Gustav Adolf. Im Mittelgrund sieht man das schwedische Fußvolk und auf dem diesseitigen Lechufer die anreitende und wendende bayerische Reiterei.

König Gustav Adolf sah sich in Rain einem schier unüberwindlichen, wohl befestigten bayerischen Lager jenseits des im Frühjahr reißenden Lech gegenüber, den keine Brücke mehr überspannte. Er nutzte jedoch den Vorteil, dass seine Uferseite die bayerische überragte durch eine wütende Kanonade seiner Geschütze, die die bayerischen Truppen vom Ufer zurück drängte. Während des Geschützfeuers ließ Gustav Adolf in dickem Dampf aus angezündetem feuchten Holz und nassem Stroh verhüllt eine Brücke über den Fluss schlagen. Als Tilly die Bedrohung erkannte, eilte er mit Fußvolk herbei, und ließ sich durch keine Gefahr davon abhalten, an vorderster Front zu kämpfen, bis schließlich eine Doppelhakenkugel sein rechtes Bein oberhalb des Knies zerschmetterte.

Vorne in der Bildmitte verarztet ein Feldscher im Schutz der Schanze den 73jährigen Feldherrn, der an den Folgen der Verwundung am 30. April 1632 in Ingolstadt starb. Am linken Bildrand sind das Pferd und das Kruzifix Tillys zu sehen. Am Tag der Verwundung des bayerischen Heerführers gab Kurfürst Maximilian I. den Befehl zum Rückzug der Truppen, die im Vorfeld rechts bereits geordnet abziehen, noch ehe die Schweden den Lech überschritten und das strategisch wichtige Lager erobert hatten.

Die Darstellung der Schlacht bei Rain am Lech gestaltete der Dioramenbauer Reinhold Zellner nach einer Schilderung des Dichter Friedrich Schiller und einem Kupferstich von Matthäus Merian dem Älteren.

Tilly hat an vorderster Front gekämpft, um den Lechübergang der Schweden zu verhindern und ist von einer schwedischen Doppelhakenkugel getroffen worden. Soldaten fangen das Pferd des Feldherrn ein. Im Schutz der Schanze verarztet der Feldscher den schwer verwundeten Tilly.

Gnadenbildflucht 1632

Durch Gustav Adolfs Siege und Tillys Tod im Jahre 1632 lag Altbayern offen vor dem Feind. Maximilan I. zog sich in seine Residenz in Regensburg zurück und die Schweden nahmen kampflos die Landeshauptstadt München ein. Damit war auch Altötting mit seinen Schätzen in höchster Gefahr. Vorsorglich hatte Kurfürst Maximilian I. schon vor der Schlacht bei Rain am 5. April 1632 die Sicherstellung des Kapellschatzes in der Burg zu Burghausen befohlen.

Am 15. April war der Befehl ausgeführt und am 19. April brachte der Kapellgegenschreiber auf kurfürstliche Weisung auch das Altöttinger Gnadenbild nach Burghausen. Von dort aus flüchtete es die Gemahlin des Kurfürsten, Elisabeth Renata, über die Grenze in das stark befestigte Salzburg, zu dessen Erzdiözese Ötting damals gehörte.

Die Kurfürstin stellte die Madonnenstatue zunächst in ihrem Oratorium (Gebetsraum) auf. Der Salzburger Fürsterzbischof Paris Graf von Lodron wollte das berühmteste Gnadenbild seiner Diözese seinem ganzen Volk zugänglich machen. Mit der Zustimmung der Kurfürstin übertrug er die Muttergottes von Altötting an Maria Himmelfahrt 1632 in feierlicher Prozession auf den Hochaltar des Salzburger Doms.

Fürsterzbischof Paris Graf von Lodron (1586–1653)

Gustav II. Adolf König von Schweden (1594–1632)

Dort zogen nicht enden wollende Pilgerscharen zum Gnadenbild und brachten zahlreiche Opfergaben dar. Das Salzburger Exil dauerte jedoch nur wenige Monate. Nach Gustav Adolfs Tod in der Schlacht bei Lützen am 16. November 1632 war die Schwedengefahr vorläufig gebannt. Schon am 23. November befand sich die Madonnenstatue auf ihrem Heimweg über Laufen und Tittmoning. Zwei Tage später traf das Gnadenbild in einer reich geschmückten, von Maultieren gezogenen Sänfte, begleitet vom Erzbischof, der Kurfürstin mit deren Hofstaat sowie der Priesterschaft unter dem Jubel der Bevölkerung wieder in Altötting ein. Dreimal wurde es um die Gnadenkapelle gefahren und nach der Festpredigt wieder in das Heiligtum eingesetzt.

Zugleich wurden die in Salzburg von August bis November dargebrachten Weihegaben ausgehändigt. Die Geldspenden beliefen sich auf 1.141 Gulden. Dazu kamen 61 Votivgaben (Kronen, Kränze, Ketten, Anhänger, Ringe, Rosenkränze und Silbervotive).

Der Kapellgegenschreiber überreicht auf der Burg von Burghausen die Truhe mit dem Gnadenbild an Kurfürstin Elisabeth Renata von Lothringen, die es persönlich nach Salzburg flüchtet (Szene aus dem Marienfilm 1977).

Graf Lodron selbst stiftete als Dank für die Erfüllung seines Wunsches einen mit seinem Wappen versehenen Goldkelch samt Hostienschale. Mit dieser Gabe ließ er es aber nicht bewenden.

Im Oktober 1637 stellte sein Dombaumeister Santino Solari eine außergewöhnliche Weihegabe des Erzbischofs auf dem Kapellplatz zwischen der uralten Linde und dem Alten Chorherrenstock auf. Der von Salzburger Steinmetzen aus hellem Untersberger Marmor gefertigte Marienbrunnen ist noch heute als künstlerisch bedeutender Barockbrunnen ein Prunkstück des Platzes. Die für Altötting einzigartige Schenkung war von Erzbischof Paris Graf von Lodron als Weihegabe an die Gnadenmutter bestimmt, wie die beiden lateinischen Inschriften auf dem achteckigen, aus leicht rötlichem Marmor bestehenden Sockel der Madonnenfigur bezeugen. Ins Deutsche übersetzt lauten sie:

> *„Zur öffentlichen Danksagung hat Mariae, der Quelle der Gnaden, deren Muttergüte das Land Salzburg in mitten der lodernden Brandstätte Deutschland heil und unversehrt bewahrte, diesen Brunnen errichtet, der dankbare Paris, Erzbischof von Salzburg im Jahr des Herrn 1637.*
>
> *Zum allgemeinen Besten hat Mariae, dem Brunnquell lebendigen Wassers, der alten Patronin Bayerns seit der Zeit des großen Hl. Rupert, zum ersten Mal Gast seiner Stadt, als der Feind die bayerische Heimat verheerte, diesen Brunnen, der fortan zum Heile fließen möge, aufgerichtet Paris, Erzb. v. Salzbg, i. J. d. H. 1637."*

(Übersetzung von Mater Dr. Angela König)

1632: Im Oktogon beten Gläubige andächtig, die auf Marias Hilfe vertrauen, obwohl das Gnadenbild nicht in der Wandnische steht. Der barocke maximilianische Gnadenaltar, der bereits die heutige Grundform besitzt und 1645 den alten gotischen abgelöst hat, ist umgeben von den 15 in Silber getriebenen sogenannten Landshuter Opfertafeln aus den Jahren 1628-1672 und zahlreichen Weihegaben. Am Gitter, das den leeren Gnadenbildschrein umschließt, hängen kostbare Votivgaben.

Das Kriegsende 1648

Im letzten Abschnitt des 30jährigen Kriegs verbündeten sich die Schweden und Franzosen und drangen 1648 in bayerisches Gebiet ein. Am 4. Juni 1648 erließ Kurfürst Maximilian I. daher von seinem Zufluchtsort Braunau aus den Befehl, den Kapellschatz und das Gnadenbild in Burghausen sicher zu stellen. Von dort aus flüchtete der Kurfürst das Gnadenbild persönlich nach Salzburg, wo es mit Genehmigung von Graf Lodron in der Klosterkirche der Franziskaner aufgestellt wurde. Der Kapellschatz traf wenige Tage später in Salzburg ein.

Ende Juni 1648 standen die Schweden und Franzosen vor Neuötting. Nachdem sie den Lech- und Isarübergang erzwungen hatten, versuchten sie nun über den reißenden Inn zu setzen. Doch alle Versuche, den wochenlang Hochwasser führenden Gebirgsfluss zu überschreiten, misslangen. Zeitgenossen sahen den Grund dafür aber nicht in der aufgebotenen Landwehr und dem unter Piccolomini anrückenden kaiserlichen Hilfsheer oder den abwehrenden Urgewalten des Innstroms, sondern vielmehr in der „wunderbarlichen Schiltwacht der starcken Jungkfrauen zu Alten-Oetingen", wie es in einer historischen Quelle verzeichnet steht. Sogar im feindlichen Hauptquartier in Mühldorf sollen die beiden „alten Feldmarschalcken" Touraine und Wrangel erklärt haben, „man sehe augenscheinlich, dass sie die schwartze Maria von Alten-Öeting nit hinüber lasse."

Nach dem wochenlangen Stillstand der schwedisch-französischen Hauptarmee am Inn begann der Rückzug des Feindes. Als Bayern am 10. Oktober wieder frei geworden war, kehrte das Gnadenbild am 22.10.1648 im Triumphzug nach Altötting zurück. Zwei Tage später beschloss der in Münster und Osnabrück geschlossene „Westfälische Frieden" den 30jährigen Krieg.

Das Diorama stellt die im Mühldorfer Hauptlager entstandene Legende dar, dass „weder Wasser noch Fewr, weder Geschütz noch Carthaunen, sondern ein wunderbarliches Weib, welches ein himmelblawen Mantel über den gantzen Instromb gespant und ausgebraitet" habe, den Feindabzug bewirkte. Vor den Nachbarorten Alt- und Neuötting haben sich am jenseitigen Ufer des Inns, dessen Brücke von den Fluten weggerissen worden war, die bayerischen Truppen verschanzt. Ertrinkendes Reitervolk verdeutlicht die Erfolglosigkeit der feindlichen Versuche, den Inn zu überqueren. Die lebendige Lagerszene im Vorder- und Mittelgrund zeigt die Erschrockenheit und Verwirrung des Feindes über die wunderbare Marienerscheinung im Wolkenhimmel.

Zeitalter des Barock

Kurfürst Ferdinand Maria (1636–1679) und Kurfürstin Henriette Adelaide von Savoyen (1636–1676).

Friedensfürst Ferdinand Maria

Dem Pest- und Hungerjahr 1649 folgte ein 30jähriger Friede unter Kurfürst Ferdinand Maria (1651-1679), dem Sohn und Nachfolger von Maximilian I. Mit seiner frommen savoyischen Gemahlin Henriette Adelaide (1636-1676) wallfahrtete Ferdinand mehrfach nach Altötting und brachte wertvolle Weihegaben dar. Sie bezogen sich u.a. auch auf die lang ersehnte Geburt eines Prinzen, die in der Landeshauptstadt als Dankerweis des Herrscherpaares zum Bau der Theatinerkirche und von Schloss Nymphenburg geführt hatte. Nach dem Vorbild Maximilians I. hinterlegte das Kurfürstenpaar ebenfalls Blutweihebriefe beim Gnadenbild.

Abb. rechts: Blutweihebrief von Ferdinand Maria

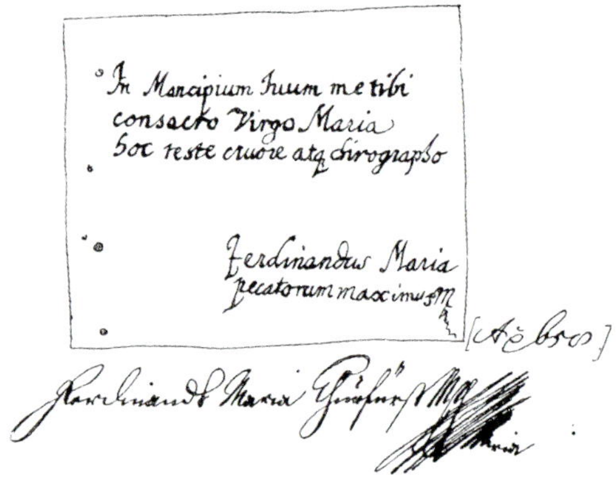

Modell des geplanten Wallfahrtsdomes

Neugestaltung des Kapellplatzes

Nach den Plänen des Hofbaumeisters Enrico Zuccalli sollte die Gnadenkapelle durch einen riesigen, barocken Wallfahrtsdom überbaut werden. Doch der Bau, dem auch die jahrhundertealte Linde zum Opfer fiel, kam vor allem wegen Geldmangels über die Fundamente nicht hinaus.

An der Nordwestseite des Platzes entstanden aber in kurfürstlichem Auftrag von 1674 bis 1680 zwei Gebäude, die sogenannten „Neuen Chorherrenstöcke" für die Kapelladministration und die Chorherren. Beseelt vom sinnenfrohen Geist und der tiefen Gläubigkeit im Barockzeitalter, in dem prächtige Kirchen und Klöster entstanden, strömte neben dem Besuch vieler hochgestellter Persönlichkeiten aus Herrscherkreisen, Adel und Geistlichkeit auch das einfache Volk in den berühmten Wallfahrtsort.

Der neu gestaltete Kapellplatz zur Zeit des Kurfürsten Ferdinand Maria: In der Mitte steht die Gnadenkapelle, die durch einen barocken Wallfahrtsdom überbaut werden soll, deshalb wurde die uralte Linde gefällt. Im Vordergrund sieht man das Franziskanerkloster St. Anna, dahinter den Alten Chorherrenstock, links davon die von Zuccalli errichteten Neuen Chorherrenstöcke sowie das Administrationsgebäude, daneben die Hoftaverne, im Hintergrund Kirche und Kloster St. Magdalena, rechts die Stiftskirche mit Propstei.

Die Altöttinger Allianz 1681

Nach Ferdinands Tod brachen für Bayern unter seinem Sohn und Nachfolger Kurfürst Maximilian II. Emanuel (1679-1726) wieder unruhige und kriegerische Zeiten an.

Für ein historisch überaus bedeutsames Treffen wählten der Habsburger Kaiser Leopold I. von Österreich und Kurfürst Max Emanuel den von beiden Fürsten mehrfach besuchten und verehrten Gnadenort Altötting aus: Im März 1681 schlossen sie hier die „Heilige Allianz", als das christliche Abendland von den Türken und damit vom Islam bedroht wurde.

Dieser Allianz folgte im Januar 1683 das „Wiener-Defensiv-Bündnis" als Voraussetzung für die glorreiche Teilnahme des bayerischen Heeres unter Führung Max Emanuels an der Schlacht am Kahlenberg, in der die vor den Toren Wiens stehenden Türken besiegt wurden. Daraufhin weihte Max Emanuel der Altöttinger Muttergottes eine halbmannsgroße Silberfigur, die ihn auf Knien betend darstellte.

Die Stände vor den Gebäuden dienten zur Verpflegung der Volksmasse, die anlässlich des bedeutenden Fürstentreffens nach Altötting gekommen war.

Kaiser Leopold I. von Österreich (1640-1705) und Kurfürst Max II. Emanuel (1662–1726) mit ihren Standarten

Vom Torbogen des heutigen Administrationsgebäudes aus gesehen, nähern sich Kaiser Leopold I. und der erst 18jährige Kurfürst Max II. Emanuel mit hoheitlichem Gefolge zum Abschluss der Heiligen Allianz in der Dechantei, in der der Kurfürst Quartier bezogen hat. Der Kaiser dagegen logiert in der Propstei. Der Kapellplatz, der nach heftigen Regengüssen einem See gleicht, ist mit Brettern ausgelegt. Auf dem Platz haben kaiserliche und bayerische Truppen Aufstellung genommen. Im Tor stehen zwei bayerische Palastgardisten sowie zwei Stängler. Links vom Tor befindet sich an der Stelle des Rathauses, das erst 1908 gebaut wurde, die Fäkaliengrube, die als öffentlicher Abort diente. Im Hintergrund steht die Kirche St. Magdalena in der heutigen Form und die Stiftskirche. Rechts von der Gnadenkapelle sind der Marienbrunnen und der Alte Chorherrenstock zu sehen, den Stiftspropst Wartenberg 1619 anstelle hölzerner Anwesen für die Stiftskanoniker errichten hatte lassen.

Zeit der Türkenkriege und des Spanischen Erbfolgekriegs

Rückgang der Wallfahrt um 1700

Bei den Türkenkriegen von 1683–1688 unterstützte Max Emanuel Kaiser Leopold I. erfolgreich mit dem bayrischen Heer. Am 15. Juli 1685 erhielt der „Blaue Kurfürst" Maria Antonia, die Tochter des Kaisers, zur Gemahlin. Durch die Hochzeit mit der erst 16jährigen Erzherzogin war die Anwartschaft des Hauses Wittelsbach auf den spanischen Königsthron verbunden, zumal König Karl II. von Spanien (1661-1700) in Ermangelung eines eigenen Sohnes den bayerischen Kurprinzen Joseph Ferdinand, den Enkel seiner Schwester, als Erben eingesetzt hatte. Dieser starb jedoch bereits 1699 im Alter von 6 Jahren.

Die enormen Kosten für die Türkenkriege, die Vorahnung des Spanischen Erbfolgekriegs und seine kostspielige Hofhaltung als Statthalter der Niederlande veranlassten Max Emanuel, die Steuern und Quartierslasten deutlich zu erhöhen. Darunter litten die bayerische Bevölkerung und auch die Altötting-Wallfahrt, so dass um 1700 die Opfergaben und die Zahl der Pilger stark zurückgingen. Zudem war im nahen niederbayerischen Markt Tann eine neue Wallfahrt zum „Herrgott von Tann" entstanden.

Spanischer Erbfolgekrieg

Als Karl II. von Spanien aus dem Hause Habsburg 1700 kinderlos starb, stellten sowohl König Ludwig XIV. von Frankreich als auch Kaiser Leopold I. von Österreich Ansprüche auf den spanischen Thron, da sie beide mit Schwestern Karls verheiratet waren. Da Karl II. einen Enkel Ludwigs XIV. zum Alleinerben des spanischen Weltreichs bestimmt hatte, kam es zum Spanischen Erbfolgekrieg (1701-1714), an dem sich Kurfürst Max Emanuel auf der Seite Frankreichs beteiligte, nachdem ihm König Ludwig XIV. die Niederlande als Erbkönigreich vertraglich zugesichert hatte.

Nach der vernichtenden Niederlage des französisch-bayerischen Heeres in der Schlacht bei Höchstädt am 13. August 1704 wurde Bayern von Österreich besetzt und Max Emanuel floh in die Niederlande ins Exil.

In der Folge wurde Bayern von der kaiserlich österreichischen und der mit ihr verbündeten englischen, holländischen und brandenburgischen Soldateska verwüstet. Der Wallfahrtsort Altötting erlitt jedoch keinen größeren Schaden, da der Marienverehrer Kaiser Leopold für den Gnadenort einen Schutzbrief ausgestellt hatte.

Schlacht am Kahlenberg 1683: Die Verbündeten von Leopold I. vertreiben die Türken vor Wien.

Die Legende von der Stürmerin

Schon vor der Schlacht bei Höchstädt wurde am 26. Juli 1704 der Kapellschatz vorsichtshalber auf die Burg in Burghausen und z. T. in München in Sicherheit gebracht.

Aufgrund des kaiserlichen Schutzbriefes brachten die Hofmarkuntertanen für eine wohlgemeinte Gnadenbildflucht kein Verständnis auf: Am Abend des 27. Juli 1704 wollte der kurfürstliche Burghauser Rentmeister Widmann das Gnadenbild und die Geldkasse mit den letzten Reserven der Heiligen Kapelle, aus der auch ein Teil der Altöttinger Bevölkerung besoldet wurde, abholen und in Burghausen sicher stellen. Als der Rentmeister den Dechanten zur raschen Herausgabe drängte, bedrohten ihn die Altöttinger mit Waffengewalt, so dass er ohne Geld und Gnadenbild wieder abzog.

Die Verhinderung der Gnadenbildflucht erwies sich im Nachhinein als segensreich: Im August 1704 zogen 800 österreichische Soldaten durch Altötting und äußerten, dass von der Dechantei, in der die hohen Herren abzusteigen pflegten, kein Stein auf dem anderen geblieben wäre, wenn sie das Gnadenbild nicht in der Hl. Kapelle vorgefunden hätten.

Aufgebrachte Bürger verhindern die Gnadenbildflucht.

Das Bild auf der folgenden Seite veranschaulicht die Legende von der „Stürmerin": Die große Glocke im originalgetreu nachgebauten Glockenstuhl der Stiftskirche läutet der Überlieferung nach wie von selbst mit so schrecklichem Gedröhn, dass die Altöttinger Bevölkerung gewarnt wird und Rentmeister Widmann von seinem Vorhaben ablassen muss. An dieses Ereignis erinnert heute noch das „Sturmamt", das jedes Jahr am 27. Juli gefeiert wird.

Vom Turm herab sieht man den Kapellplatz mit dem Tumult vor der Gnadenkapelle. Die legendäre Stürmerin wurde 1497 vom Salzburger Büchsenmacher Hanns Reicher gegossen und ist heute noch in der Vorhalle zum romanischen Portal der Stiftskirche zu besichtigen.

Bild links: Rentmeister Widmann (Alexander Golling) fordert die Herausgabe des Gnadenbildes (Szene aus dem Marienfilm von 1977)

Wallfahrtsaufschwung ab 1715

Die drastische Erhöhung der Steuerabgaben durch das Kaiserreich Österreich führte getreu dem Motto „Lieber hier bairisch sterben als kaiserlich verderben" zu Aufständen der Bauern des Oberlandes und Niederbayerns, die in der „Sendlinger Mordweihnacht" von 1705 sowie im Januar 1706 in Aidenbach von den Österreichern blutig und ohne Pardon niedergeschlagen wurden. Erst der Frieden von Rastatt 1714 beendete den Spanischen Erbfolgekrieg endgültig. Die Österreicher gaben u.a. Bayern zurück und Max II. Emanuel zog am 15. April 1715 als Kurfürst wieder in die Landeshauptstadt München ein. Schon am 21. März 1715 hatten die aus elfjähriger Verbannung zurückgekehrten Prinzen unter dem Jubel der Bevölkerung in der Gnadenkapelle ihren Dank abgestattet.

Dies und viele weitere Besuche von Fürsten bewirkten zahlreiche Pilger- und Opferfahrten verschiedener Märkte und Städte sowie den Zustrom von Tausenden von Gläubigen nach Altötting. Im Jahr 1715 wurden beispielsweise am Gnadenort über 250.000 Kommunionen verzeichnet.

Durch die Verarmung des Volkes und die Wiederbelebung der alten, 40 km entfernten Wallfahrt Maria Dorfen gab es allerdings schon vor Max Emanuels Tod 1726 in Altötting einen starken Rückgang der Opfergaben.

Das Gemälde von Reinhold Zellner zeigt die blutige Niederschlagung des Oberländer Aufstands bei München-Sendling durch die österreichischen Truppen.

Großbrände bedrohen den Wallfahrtsort

Der Brand von 1630

Dass Altötting nicht das gleiche Schicksal ereilte wie viele andere Orte, die durch Brände weitgehend zerstört wurden, schrieben Chronisten dem Schutz und der Hilfe der Muttergottes zu.

Einer der bedrohlichsten Brände brach während des 30jährigen Krieges aus. Kaiser Ferdinand II. von Österreich (1619-1637) machte anlässlich der Rückreise von dem für ihn höchst unbefriedigend verlaufenen Kurfürstentag in Regensburg am 19. November 1630 mit Familie und Gefolge in Altötting Station und brachte der Muttergottes wertvolle Weihegeschenke dar. Am Morgen des 20. November betete Kaiser Ferdinand mit seiner Gemahlin Eleonore sowie seinen vier Kindern aus erster Ehe (die Erzherzöge Ferdinand und Leopold Wilhelm sowie den Erzherzoginnen Maria Anna und Cäcilia Renata) in der Gnadenkapelle.

Wie bei Großbränden zur damaligen Zeit üblich trägt der Priester das Allerheiligste durch die Gassen.

Während des Gebets breitete sich um 8 Uhr im Ort Feuer aus, entwickelte sich rasch zur verheerenden Brunst und legte sieben der meist hölzernen Anwesen in Asche. Dem Feuer fielen ein Junge und 25 Pferde zum Opfer. Wegen der unzureichenden Löschmöglichkeiten fanden sich Herrscherfamilie, Priesterschaft und Volk zu einer gemeinsamen Bittprozession zusammen. Nach der Prozession und der Segnung des Brandes mit dem Gnadenbild „ist das feur weiter nicht kommen, sondern das feur und der wind haben gleichsamb auß gehorsam sich gelegt." So berichtet der Jesuitenpater Jacobus Irsing in seiner Chronik von Altötting.

Großbrand im Jahre 1712

Ein weiterer furchtbarer Brand bedrohte im Jahre 1712 das Hofmarkdorf Altötting. Da es nicht gelang, die lodernden Flammen mit den damaligen unzureichenden Mitteln zu löschen und die unerträgliche Hitze die Löscharbeiten erschwerten, bewogen einige Hofmarksuntertanen den Stiftsdechanten, das brennende Dorf mit dem hochwürdigsten Gut und dem Gnadenbild zu segnen.

Nachdem der Dechant – einem zeitnahen Bericht zufolge – dem Gnadenbild „die benedictio yber das feur gegeben, ist solches wunderbarlich gestillet und sogar auch diejenige von heusern, so schon würkhlich gebrunnen ohne beschwernuß erhalten worden."

Das Diorama zeigt die Brandbekämpfung mit Hilfe der ersten in Nürnberg entwickelten Feuerspritze. Mit Eimerketten holen Helfer aus dem Mörnbach Wasser herbei. Rechts ist die Segnung des Brandes durch das Gnadenbild zu sehen, worauf das Feuer beim ehemaligen Badhaus zurückgeht. Hinter dem Mörnbach sieht man die Josefsburg, das sogenannte „Kolbergschlössl".

Aufklärung und Säkularisation

Kurfürst Karl Albrecht (1697-1745), ab 1741 Kaiser

Kurfürstin Maria Amalia (1701-1756)

Kurfürst Karl Albrecht

Der Sohn aus Max Emanuels 2. Ehe mit Therese Kunigunde, der Tochter des Königs von Polen Johann III. Sobieski, setzte die Wallfahrtstradition der Wittelsbacher fort. Bis 1741 wallfahrtete er alljährlich mit seiner Gemahlin, der Erzherzogin Maria Amalia, nach Altötting. Aus der 1722 geschlossenen Ehe mit der Tochter von Kaiser Joseph I. gingen sieben Kinder hervor, darunter der Erbprinz Maximilian Joseph. Dieser erkrankte als 10jähriger schwer. Für seine wunderbare Genesung weihte Karl Albrecht „U. L. Frau von Altötting" eine wertvolle Votivgabe, die heute noch am Altar der Gnadenkapelle zu bewundern ist: Der „Silberprinz" wurde 1737 vom niederländischen Bildhauer Wilhelm de Groff geschaffen. Obwohl die 41 Pfund schwere Figur einen Materialwert von 2.000 Gulden besaß, blieb sie von der Säkularisation verschont.

Karl Albrecht wallfahrtet mit seiner Gemahlin Maria Amalia bis 1741 alljährlich nach Altötting und weiht seinen aus schwerer Krankheit genesenen Sohn Max Joseph der Gnadenmutter. (Szene aus dem Marienfilm von 1950)

Der „Silberprinz" verneigt sich dankbar vor der Muttergottes.

Kurfürst Max III. Joseph (1727-1777)

Papst Clemens XIV. (1705-1774)

Österreichischer Erbfolgekrieg

Einen Tiefstand der Opfergaben brachte der österreichische Erbfolgekrieg. 1740 war Kaiser Karl VI. ohne männlichen Nachkommen gestorben. Kurfürst Karl Albrecht erhob als Ehemann der Tochter Kaiser Josephs I., einem Bruder Karls VI., einen Thronanspruch. Dies widersprach der „Pragmatischen Sanktion", wonach die 34jährige Kaisertochter Maria Theresia als Thronerbin vorgesehen war.

Nach der Eroberung von Prag mit den verbündeten Franzosen und Sachsen und der Krönung zum König von Böhmen wurde Karl Albrecht 1741 in Frankfurt zum Kaiser des Heiligen Römischen Reiches Deutscher Nation gewählt. Doch bereits 1742 besetzten österreichische Truppen Bayern und Karl saß als Kaiser ohne Land im Exil in Frankfurt. Erst nach Abzug der Österreicher kehrte er 1744 nach München zurück und starb 1745 an Gicht.

Trotz der großen Not während der Kriegsjahre strömten die Menschen mit ihren Anliegen in großer Zahl zur Altöttinger Muttergottes.

Der Frieden von Füssen

Kurfürst Maximilian III. Joseph (1745-1777) schloss auf Anraten seiner habsburgischen Mutter nach dem Tod seines Vaters in Sorge um seine bayerischen Erblande 1745 den Frieden von Füssen, der den Österreichischen Erbfolgekrieg beendete. Bayern verzichtete auf alle österreichischen Erbansprüche und die Kaiserwürde. Max III. verpflichtete sich zur Wahl von Maria Theresias Ehemann Franz Stephan von Lothringen zum Kaiser. Im Gegenzug garantierten die Österreicher die bayerischen Grenzen von 1741.

Damit begann eine Zeit des Friedens unter einem Landesherrn ohne das Großmachtstreben und den übertriebenen Ehrgeiz seiner Vorgänger. Der kunstsinnige und durch die Aufklärung geprägte Herrscher gründete u.a. die Bayerische Akademie der Wissenschaften und die Akademie der Bildenden Künste. Als „Silberprinz" blieb Max III. Joseph mit dem bezeichnenden Beinamen „der Vielgeliebte" sein Leben lang ein Verehrer von Maria und dem Gnadenort Altötting.

Aufhebung des Jesuitenordens

Das Gedankengut des beginnenden Zeitalters der Aufklärung, das u.a. zur Französischen Revolution führte, wirkte sich auf die Altötting-Wallfahrt zunächst nicht negativ aus. Einen schweren Rückschlag erlitt sie jedoch 1773 mit der Aufhebung des Jesuitenordens durch Papst Clemens XIV. Damit musste der Orden auch das Kloster in Altötting aufgeben. Die Güter des Ordens beschlagnahmte der Staat. Eine bedeutende Säule der Wallfahrtsseelsorge, neben den Franziskanern und den Altöttinger Chorherren, fehlte nun.

Erster Papstbesuch in Altötting

Da seine Ehe mit Prinzessin Maria Anna von Sachsen (1728-1797) kinderlos blieb, vererbte Max III. Joseph Bayern an die Pfälzer Linie der Wittelsbacher. Der vom Volk ungeliebte Kurfürst Karl Theodor, der schon im ersten Jahr seiner Regentschaft im Bayerischen Erbfolgekrieg das Innviertel an Österreich verlor, bescherte dem Gnadenort im Jahre 1782 einen hohen Gast.

Papst Pius VI. hatte in Wien in persönlichen Verhandlungen mit Kaiser Joseph II. erfolglos versucht, das Staatskirchenwesen einzudämmen. Auf die dringende Bitte von Karl Theodor besuchte er als erster Papst München. Auf der Rückreise von Wien nach Rom machte er dabei Station in Altötting. Bei der Ankunft am 25. April gegen 17 Uhr läuteten alle Glocken. Nach einem kurzen Gebet in der Gnadenkapelle begab sich der Papst in die Stiftskirche, besichtigte die Schatzkammer und bezog danach sein Domizil in der Stiftspropstei. Eine halbe Stunde lang zeigte er sich am Fenster und erteilte den über 20.000 Menschen aus nah und fern dreimal den Segen. Als Geschenk überreichte Stiftsdekan Dr. Maximilian von Delling dem Papst eine in roten Samt gebundene sechsbändige Geschichte Altöttings. Am nächsten Morgen wohnte der Papst einer von seinem Beichtvater zelebrierten Messe bei. Anschließend erteilte er dem Volk den päpstlichen Segen.

von links nach rechts: Kurfürst Karl II. Theodor (1724-1799), Papst Pius VI. (1717-1799), Kurfürst Maximilian IV. Joseph (1756-1825), späterer König Maximilian I. und Maximilian Graf von Montgelas (1759-1838)

Als Folge des Papstbesuches wurde 1784 in München eine päpstliche Nuntiatur eingerichtet. Karl Theodor war damit neben dem Kaiser der einzige deutsche Fürst mit einem persönlichen Vertreter des Papstes an seinem Hofe.

Folgen der Säkularisation

Obwohl Kurfürst Karl Theodor für die kulturelle Entwicklung in Bayern enorme Bedeutung hatte, wurden in den letzten Jahren seiner Regentschaft die Weichen für die Säkularisation gestellt. Nach dem Tod des Kurfürsten, der keine legitimen Nachkommen hinterlassen hatte, ging das Erbe an die Linie Pfalz-Zweibrücken-Birkenfeld. Der zweitgeborene Sohn des Pfalzgrafen Friedrich Michael erbte wegen des frühen Todes des Erstgeborenen im Jahre 1795 alle Lande der Wittelsbacher in Bayern und der Pfalz.

Während der Regentschaft des beliebten Kurfürsten Maximilian IV. Joseph wurde Bayern 1806 Königreich von Napoleons Gnaden und der Kurfürst bestieg als Maximilian I. den Thron. Sein wichtigster Berater war Maximilian Graf von Montgelas, der als Begründer des modernen Staatswesens in Bayern gilt.

Rechte Seite: Das Diorama symbolisiert das Aufeinandertreffen der aufgeklärten Gesellschaft mit dem tiefgläubigen Volk, das auch in den Hungerjahren von 1815-1817 im Vertrauen auf Hilfe durch die Muttergottes nach Altötting pilgert. Die in Lebensgenuss schwelgende Jagdgesellschaft fühlt sich durch die Gruppe der Wallfahrer belästigt und macht sich über die Pilger lustig, die vom Holzland kommend erstmals den Wallfahrtsort erblicken und ehrfürchtig die Knie beugen. Im Mittelgrund patrouilliert bayerisches Militär. Vom Hochpunkt aus sieht man Schloss Frauenbühl der gräflichen Familie Toerring und die spätgotische Feldkirche bei Winhöring, die früher selbst eine Wallfahrtskirche mit einer Salzburger Steinguss-Madonna aus dem 15. Jahrhundert war.

Eine Wallfahrergruppe auf dem Weg nach Altötting wird von einer „aufgeklärten" Jagdgesellschaft verspottet (Detailaufnahmen aus dem Diorama S. 81).

Die von Graf Montgelas betriebene Säkularisation mit der Enteignung des kirchlichen Eigentums durch den Staat, der Zerstörung vieler wertvoller Kunstwerke und der Vernichtung von Urkunden und schriftlichen Aufzeichnungen wirkte sich auf die Wallfahrt verheerend aus. Unter anderem wurden mit Ausnahme des „Goldenen Rössls" 11 Meisterwerke französischer Goldschmiedekunst, die seit 1509 zum Altöttinger Kapellschatz gehörten, eingeschmolzen und verkauft. Das Franziskanerkloster St. Anna wurde 1802, das Chorherrenstift 1803 und die 1781 errichtete Kommende des Malteser Ritterordens 1808 aufgehoben. Damit war der Wallfahrtsseelsorge am Gnadenort die Grundlage entzogen.

Einschränkung der Wallfahrt

Im Zeitalter der Aufklärung mischte sich der Staat immer stärker in kirchliche Angelegenheiten ein. In Österreich erreichte die Reformbewegung unter Kaiser Joseph II., der den Josefinismus begründete, ihren Höhepunkt. Das Toleranzedikt des Kaisers von 1781 gewährleistete den Protestanten und Orthodoxen die Ausübung des Gottesdienstes und schwächte die Vorrangstellung des katholischen Glaubens. Prozessionen und Wallfahrten wurden eingeschränkt und teilweise sogar verboten.

Der Geist der Aufklärungszeit mit seiner Wissenschaftsorientierung und Vernunftbetonung, der zu Beginn des 19. Jahrhunderts auch breitere Volksschichten erreichte, erschütterte die Gläubigkeit vieler Menschen.

Doch obwohl das Vertrauen in die helfende Kraft der Muttergottes schwand und Wallfahrten als Aberglaube oder Magie belächelt wurden, versiegte der Pilgerstrom nach Altötting nie ganz. Auch die Kriege Napoleons, an denen sich Bayern als Verbündeter Frankreichs beteiligte, brachten die Wallfahrt nicht zum Erliegen.

Betreuung der Wallfahrt durch die Kapuziner

König Ludwig I. (1786-1868)

Männerorden als Förderer

Für die Organisation des Wallfahrtswesens und die seelsorgerische Betreuung der Pilger waren zunächst die Chorherren des Kollegiatstifts Altötting und im Laufe der Geschichte der Altötting-Wallfahrt verschiedene Männerorden zuständig:

1591-1773	Jesuiten (Kloster und Kirche St. Madgalena)
1653-1802	Franziskaner (Kloster und Kirche St. Anna)
1781-1808	Malteser (St. Magdalena)
1841-1873	Redemptoristen (St. Magdalena)
ab 1802	Kapuziner (St. Anna)
ab 1874	Kapuziner (St. Magdalena und St. Anna)

1802 waren im Zeitalter der Säkularisation mit der damit verbundenen Aufhebung von Klöstern rund 150 überwiegend ältere und kränkliche Kapuziner in dem verwaisten Franziskanerkloster St. Anna, einem sogenannten „Aussterbekloster", untergebracht worden. Außer Messe lesen und Beichte hören durften sie keine seelsorgerische Tätigkeit ausüben.

Erst 1826 erlaubte ihnen König Ludwig I., der sich die Wiederherstellung der Klöster zur Aufgabe gemacht hatte und der katholischen Kirche wieder größeren Einfluss im öffentlichen Leben sicherte, Novizen aufzunehmen und den Provinzverband wieder aufzurichten.

Seit 1873 sind die Kapuziner der einzige am Gnadenort verbliebene Männerorden. 1874 übernahm er neben dem Kloster St. Anna auch das Kloster St. Magdalena von den Redemptoristen, die 1841 nach Altötting gekommen waren und 1873 in der Zeit des Kulturkampfes als „jesuitenverwandt" den Wallfahrtsort wieder verlassen mussten.

Kirche und Kloster St. Anna (links) und St. Magdalena in alten Ansichten

Bruder Konrad von Parzham

Aus dem Kapuzinerorden ging ein Vorbild für Nächstenliebe, Demut und Frömmigkeit hervor. Der im niederbayerischen Parzham als Johannes Birndorfer 1818 geborene Bauernsohn hatte früh seine Eltern verloren. Er verzichtete auf die Übernahme des stattlichen Bauernhofes, trat 1849 in den Kapuzinerorden ein und legte 1852 die Profess ab. Von 1853 bis zu seinem Tod im Jahre 1894 betreute er 41 Jahre lang die Pforte des Klosters St. Anna.

Der Tag begann für Bruder Konrad bereits sehr früh. Täglich ministrierte er beim Gottesdienst um 5 Uhr in der Gnadenkapelle. Danach nahm ihn sein Dienst als Pförtner voll in Anspruch. Mit Güte versorgte er hungrige Kinder, arme Wanderburschen, Arbeitslose und alle, die an die Pforte kamen und um Speis und Trank baten.

An dieser Pforte versieht Bruder Konrad 41 Jahre lang seinen Dienst. Er lebt getreu seinem Wahlspruch: „Das Kreuz ist mein Buch."

Bruder Konrad (1818-1894) versorgt hingebungsvoll die Armen.

Geduldig kümmerte er sich um alle, die mit ihren Anliegen zum Konvent kamen. In der Mittagspause verbrachte er eine Stunde in der Kapelle zur Anbetung vor dem Allerheiligsten und zur Verehrung der Gottesmutter. Zu nächtlicher Stunde stieg Bruder Konrad in die Klostergruft, um dort für das Seelenheil der Verstorbenen zu beten.

Mehrere Augenzeugen berichteten beim Seligsprechungsprozess unter Eid über wundersame Beobachtungen: Bei der Frühmesse in der Gnadenkapelle seien feurig glänzende Kugeln aus dem Munde Bruder Konrads zum Gnadenbild empor gestiegen.

Der Überlieferung nach ist Bruder Konrad täglich um Mitternacht in die Kapuzinergruft hinabgestiegen und hat für seine verstorbenen Mitbrüder gebetet. In dieser Gruft hat er auch seine letzte Ruhestätte gefunden, bevor 1912 seine Gebeine erhoben wurden.

Grundsteinlegung für die Basilika im Jahr 1910. Abb. oben: Die päpstliche Basilika St. Anna heute.

Pater Cyprian Fröhlich (1853-1931)

Pater Josef Anton Kessler (1868-1947)

Segensreiches Wirken der Kapuziner

Die seelsorgliche Tätigkeit des Kapuzinerordens wirkte sich positiv auf das Wallfahrtsleben aus. Unter anderem organisierten die Patres große Pilgerzüge, spendeten die Hl. Kommunion, nahmen Tausende von Beichten ab, hielten Predigten, Andachten und Gottesdienste, führten Exerzitien und Volksmissionen durch, betreuten religiöse Vereine und verbreiteten religiöses Schrifttum.

Pater Cyprian Fröhlich ist es maßgeblich zu verdanken, dass eine Eisenbahnlinie von Mühldorf über Altötting nach Burghausen gebaut wurde. Die sogenannte „Cypriansbahn" brachte in Sonderzügen große Pilgergruppen nach Altötting. Der Pater gründete 1889 auch das „Seraphische Liebeswerk", mit dem Ziel, armen und verwahrlosten Kindern Unterkunft, Versorgung und Ausbildung zu bieten. 1895 entstand in Altötting mit dem Franziskushaus das erste Kinderheim des Vereins.

Das Wallfahrtsleben nahm nicht zuletzt aufgrund der Bemühungen der Kapuziner Ende des 19. und Anfang des 20. Jahrhunderts so stark zu, dass die Kirchen für die seelsorgerische Betreuung der Pilger nicht mehr ausreichten. Unter entscheidender Mitbeteiligung des Kapuzinerordens mit Guardian Pater Josef Anton Kessler (1868-1947) entstand unter dem Protektorat des späteren König Ludwigs III. zwischen 1910 und 1912 die Basilika St. Anna. Die Marianische Männerkongregation Altötting kaufte den Bauplatz, die Kapuziner finanzierten den Bau.

Prinzregent Luitpold (1821-1912)

König Ludwig III. (1845-1921)

Die Basilika wurde nach Plänen des Münchner Architekten Johannes Schott errichtet und bietet Platz für 7.000 Menschen. Am 13. Oktober 1912 weihte der Bischof von Passau Sigismund Felix von Ow das Gotteshaus ein. 1913 erhob es Papst Pius X. in den Rang einer päpstlichen „Basilica minor". Die Basilika besitzt zwölf Seitenaltäre und einen mächtigen Hochaltar, gestiftet von Prinzregent Luitpold. Während seiner Regentschaft wurde Altötting 1845 zum Markt und 1898 zur Stadt erhoben. Durch das 1908 fertiggestelllte repräsentative Rathaus veränderte sich das Bild des achteckig angelegten Kapellplatzes.

Wallfahrt im 20./21. Jahrhundert

Weltkrieg und Revolution

Der 1. Weltkrieg (1914-18) bewirkte nur vorübergehend einen Rückgang der Wallfahrt. Nach der Revolution im November 1918 entband König Ludwig III. die Beamten vom Treueeid und verließ die Residenzstadt München. Damit endete die 738jährige Regentschaft der Wittelsbacher in Bayern, die die Altöttinger Wallfahrt entscheidend mit geprägt hatte.

Nach der Abdankung König Ludwigs III. wurde am 13. April 1919 die kommunistische Räterepublik ausgerufen. In dieser Zeit der Unsicherheit befürchtete man eine Entweihung des Gnadenbildes durch die Spartakisten. Deshalb brachte man das Gnadenbild am 24. April nach Passau. Am 1. Mai wurde München nach schweren Kämpfen wieder befreit und die Gefahr für das Gnadenbild war vorüber. Am 31. Mai 1919 geleitete es der Bischof von Passau, Freiherr von Ow, nach Altötting zurück.

31. Mai 1919: Unter dem Jubel der Bevölkerung kehrt die „Schwarze Muttergottes" in ihr Heiligtum zurück. Links im Bild ist das 1908 erbaute Rathaus zu sehen.

Nach einer feierlichen Prozession wird die Herzurne des letzten Wittelsbacher Königs, Ludwig III. von Bayern, am 6. April 1922 in der Kapelle beigesetzt.

Auch nach der Abdankung des Königs setzten Mitglieder des Hauses Wittelsbach die Tradition fort, ihr Herz in der Gnadenkapelle bestatten zu lassen. 1921 erfolgte die Überführung der Urne von Königin Marie Therese in den Wallfahrtsort und 1922 fand hier auch das Herz ihres Gemahls Ludwig III., des letzten bayerischen Königs, seine letzte Ruhestätte.

Das Rupertusstift

Auf die Initiative von Administrator Adalbert Vogl und Stadtpfarrer Franz Xaver Konrad wurde anstatt des während der Säkularisation aufgehobenen Chorherrenstiftes 1929 das Rupertusstift errichtet. Auf Ersuchen des Passauer Bischofs Sigismund Felix Freiherr von Ow hatte Papst Pius XI. bereits 1925 dem Stadtpfarrer von Altötting wieder das Recht auf die Pontifikalien (Mitra, Kreuz und Ring) verliehen, das 1571 Propst Eisengrein für sich und seine Nachfolger erhalten hatte. Der infulierte Stadtpfarrer wurde nun Stiftspropst und Administrator Adalbert Vogl Stiftsdekan.

Die Wiedererhebung des Stiftes ist verbunden mit einer Feier zum 70. Geburtstag des Bischofs Freiherr von Ow (Bildmitte).

Das Rupertusstift, dessen Propst der jeweilige Stadtpfarrer ist, besteht seit 1929. Die Stiftskanoniker leisten seelsorgerische Dienste.

Heiligsprechung Bruder Konrads

Höhepunkte für den Wallfahrtsort waren die Selig- und Heiligsprechungsfeierlichkeiten für Bruder Konrad. Auf Betreiben des Ordens mit seinem Guardian Josef Anton Kessler wurde der bescheidene Klosterpförtner von Papst Pius XI. in Rom 1930 selig- und 1934 heiliggesprochen. In einer Zeit, als Adolf Hitler an die Macht kam, hatte dies Signalwirkung.

Die Gebeine des zunächst in der Kapuzinergruft bestatteten Pförtners wurden ab 1930 in der St.-Anna-Kirche in einem Glasschrein unter einem neu errichteten Mittelaltar zur Verehrung ausgesetzt. Die Glasmalereien der Kirchenfenster zeigen wesentliche Stationen aus dem Leben des Heiligen. 1953 erhielt die Kirche St. Anna den Namen des Hl. Bruder Konrad und 1961 wurde auch das Kloster St. Anna in Bruder-Konrad-Kloster umbenannt.

Zur Seligsprechung 1930 wurden die Gebeine Bruder Konrads in eine Wachsfigur eingelassen. 1967 hat man die Wachsplastik gegen eine Silberfigur ausgetauscht. Das Haupt des Heiligen liegt in weiße Seide gehüllt davor.

Oben rechts: In Altötting finden vom 25. August bis 9. September 1934 Feiern anlässlich der Heiligsprechung Bruder Konrads statt. In diesem Zeitraum besuchen über 200.000 Pilger den Doppelwallfahrtsort. Das Bild zeigt die Prozession mit den Reliquien Bruder Konrads in der Prunkkutsche.

Rechts: Am 20. Mai 1934 spricht Papst Pius XI. in Rom Bruder Konrad heilig.

Kreuze aus dem Kapellumgang landen in den Ahornbäumen und sogar im Marienbrunnen.

Kurz nach Kriegsende sind die Westfassaden der Gnadenkapelle, der Kirche St. Magdalena und des Kongregationssaales eingerüstet.

Zeit des Nationalsozialismus

Den Nationalsozialisten war die Wallfahrt ein Dorn im Auge. Sie verhöhnten und verspotteten die Pilger. Bürokratische Schikanen, Beschlagnahmungen, Verbote und Repressalien waren an der Tagesordnung. 1934 fanden auf dem Kapellplatz Aufmärsche der Hitlerjugend und der SA mit verunglimpfenden Liedern statt. Im selben Jahr erfolgte ein heimtückischer Überfall auf Katholiken in der Kapuzinerstraße. 1942 wurden Pilgerkreuze aus dem Kapellumgang in die Ahornbäume rund um das Heiligtum gesteckt.

Vom 2. Weltkrieg blieb Altötting als Lazarettstadt weitgehend verschont, der Wallfahrtsverkehr musste jedoch stark eingeschränkt werden. Am 28. April 1945, kurz vor dem Zusammenbruch des 3. Reiches, erschoss ein SS-Kommando sieben Bürger, darunter Landrat Josef Kehrer und den Administrator der Hl. Kapelle, Monsignore Adalbert Vogl.

An der Hinrichtungsstätte entsteht 1959 die Rastkapelle zum Gedächtnis an die Opfer des Bürgermords von 1945.

Die Nachkriegsjahre

Nach Beendigung des 2. Weltkriegs stieg die Zahl der Wallfahrer stetig. Um für den anschwellenden Pilgerstrom gerüstet zu sein, sanierte man die Wind und Wetter ausgesetzten Westfassaden von drei kirchlichen Gebäuden gleichzeitig.

1946 gründete Stiftskapellmeister Ludwig Uttlinger die Altöttinger Musikgemeinde zur Pflege der Kirchenmusik. Aus ihr ging das Altöttinger Marienwerk als Gebetsgemeinschaft hervor, die zusätzlich die Förderung der Wallfahrt zum Ziel hat. Zu diesem Zweck gab der Verein 1950 den ersten Marienfilm und 1957 die Dioramenschau in Auftrag.

Im Marianischen Jahr 1954 zählte man fast 635.000 Kommunionen. Im gleichen Jahr endete die 300jährige Gepflogenheit der Herzbestattung der Wittelsbacher in Altötting. Die in Silber und Bergkristall gefasste Herzurne der Kronprinzessin Antonia von Luxemburg wurde als letzte in einer Nische des Oktogons untergebracht. An ihren Gemahl Prinz Rupprecht von Bayern (†1955) erinnert lediglich eine leere Herzurne.

1958: Zahllose Schaulustige beobachten die schwierigen Flugmanöver des amerikanischen Hubschraubers vom Luftwaffendepot Schleißheim bei der Aufsetzung des neuen Glockentürmchens der Gnadenkapelle.

1963: Die Stürmerin, die berühmte Glocke der Stiftskirche, wird wegen eines Risses abgenommen und findet ihren Platz neben dem romanischen Portal.

Bis 1960 führt die B 12 von München nach Passau quer über den Altöttinger Kapellplatz und beeinträchtigt das Wallfahrtsgeschehen enorm. Erst seit 1984 ist der Kapellplatz endgültig für den Durchgangsverkehr gesperrt. Heute ist es nur noch schwer vorstellbar, dass der lärm- und abgasträchtige Personen- und Schwerlastverkehr mit täglich 30.000 Fahrzeugen durch das Ortszentrum rollte.

Besuch von Papst Johannes Paul II.

In den Blickpunkt der Öffentlichkeit rückte der Marienwallfahrtsort Altötting 1980 durch den Besuch von Papst Johannes Paul II. Seine erste Pastoralreise nach Deutschland, bei der ihm die Ökumene ein besonderes Anliegen war, führte ihn über Köln, Osnabrück, Mainz und Fulda auch nach Altötting.

Nach einem Gebet am Gnadenaltar der Kapelle feierte der Marienverehrer am Abend des 18. November auf dem Kapellplatz eine heilige Messe, zu der insbesondere Ordensleute, christliche Gemeinschaften und Bewegungen eingeladen waren.

Für die über 60.000 Gläubigen war der Besuch des Heiligen Vaters ein unvergessliches Erlebnis, der sich mit folgenden Worten in die große Schar der Anwesenden einreihte:

„Mit euch komme ich als Pilger zur Gnadenkapelle. Mit euch freue ich mich über die Gegenwart des Herrn Kardinals Joseph Ratzinger ... Solch liebende Verbundenheit lässt mich heute, am Kirchweihfest von St. Peter und Paul in Rom, bei euch wie zuhause sein."

Die Nacht verbrachte der Papst im Kapuzinerkloster St. Konrad. Die von ihm gepflanzte „Papstlinde" am Bruder-Konrad-Platz und eine überlebensgroße Bronzeskulptur an der Westfassade des Kongregationssaales erinnern an den Besuch des beliebten Papstes aus Polen.

Papst Johannes Paul II. betet vor dem Gnadenaltar.

Der Heilige Vater feiert mit rund 60.000 Gläubigen den abendlichen Gottesdienst auf dem Kapellplatz.

1989: Ein halbes Jahrtausend Marienwallfahrt

Mit einem feierlichen Pontifikalamt eröffnete Joseph Kardinal Ratzinger das Jubiläumsjahr 1989 in Anwesenheit vieler hochrangiger geistlicher und weltlicher Würdenträger. Im Verlauf des Jahres besuchten prominente Gäste aus aller Welt und ca. 40.000 Fußwallfahrer den Gnadenort. Als Höhepunkte seien genannt das Bruder-Konrad-Triduum, die Passauer Jugendwallfahrt mit 6.000 Teilnehmern, die Landestrachtenwallfahrt mit 20.000 Trachtlern, die traditionellen Pfingstwallfahrten mit 40.000 Gläubigen sowie die auf drei Tage verlängerte Feier des „Großen Frauentags" an Maria Himmelfahrt mit 25.000 Pilgern.

Zum herausragenden Ereignis im Jubiläumsjahr wurde durch die Teilnahme zahlreicher hoher Repräsentanten von Kirche und Staat mit den Bischöfen und dem bayerischen Ministerpräsidenten an der Spitze die Sternwallfahrt der vier altbayerischen Bistümer mit rund 15.000 Pilgern. Dabei erfolgte die Segnung des von den vier Bistümern zum Gedenken an die Jubiläumsfeier gestifteten Diözesenbrunnens am Tillyplatz. Den Abschluss des Jubiläumsjahres bildete ein Pontifikalgottesdienst mit Augustin Kardinal Mayer am 19. November.

Feierlicher Einzug der Sodalen in die Basilika St. Anna

400 Jahre Marianische Männerkongregation

Im Zuge der Gegenreformation entstanden in Bayern katholische Vereinigungen zu Ehren der Muttergottes von Altötting. Die älteste davon ist die Marianische Männerkongregation mit derzeit rund 50.000 Mitgliedern bayernweit. Am 25. März 1599 gründeten 30 Männer die MC Altötting. Heute gehören zu dieser Gemeinschaft 12.000 als Sodalen bezeichnete Mitglieder aus dem ober- und niederbayerischen Raum. Neben dem Sodalenblatt gibt die Gemeinschaft auch den Altöttinger Liebfrauenboten heraus. Die großen Hauptfeste der Männerkongregation finden alljährlich im Frühjahr und Herbst statt.

Im Zentrum des Jubiläumsbrunnens am Tillyplatz steht die Altöttinger Muttergottes, umgeben von den vier Diözesanheiligen St. Korbinian (München-Freising), St. Rupert (Salzburg), St. Wolfgang (Regensburg) und St. Valentin (Passau) mit ihren Attributen. Den Brunnen schuf Leopold Hafner aus Aicha vorm Wald, gegossen wurde er von der Kunstgießerei Strehle, Eisenfelden.

Wie sein Vorgänger Johannes Paul II. nimmt Papst Benedikt XVI. persönlichen Kontakt mit zahlreichen Gläubigen auf.

Papst Benedikt XVI. eröffnet die Anbetungskapelle an der Nordseite der Stiftskirche. Auf einem Originalstein der Münchener Mariensäule steht eine vergoldete Monstranz, die 1690 vom römischen und ungarischen König Joseph I. der Heiligen Kapelle gestiftet wurde.

Papst Benedikt XVI. in Altötting

Bereits in seiner Jugend war der im 13 km entfernten Marktl geborene Joseph Ratzinger mit seinen Eltern nach Altötting gepilgert und vom Marienwallfahrtsort tief beeindruckt. Auch später kam er als Schüler, Student, Theologieprofessor, Bischof und Kardinal oftmals hierher.

Ein Jahr nach seiner Wahl zum Papst besuchte Benedikt XVI. im Jahre 2006 das altehrwürdige Marienheiligtum. Am 3. Tag seiner Pastoralreise durch sein Heimatland Bayern führte sein erster Weg zur „Schwarzen Madonna" in der Gnadenkapelle. Im folgenden Gottesdienst auf dem Kapellplatz mit 60.000 Gläubigen betonte der Papst besonders die Marienfrömmigkeit. Anschließend trug er das Allerheiligste in die an der Stelle der früheren Schatzkammer entstandene Anbetungskapelle und eröffnete sie. Am Nachmittag feierte er nach einer Andacht vor dem Schrein des heiligen Bruder Konrad eine Vesper mit mehreren tausend Ordensleuten und Priesterseminaristen in der Basilika St. Anna. Im Anschluss daran widmete er seinen Bischofsring der Muttergottes von Altötting.

Nach seiner Ankunft in Altötting sucht der Heilige Vater die Gnadenkapelle auf, um vor der „Schwarzen Muttergottes" zu beten.

Kardinal Meisner übergibt im Auftrag Papst Benedikts XVI. die Goldene Rose für den Wallfahrtsort an den Bischof von Passau Wilhelm Schraml.≤

Das Wallfahrtsjahr

Gnadenbildkuss als Auftakt

Der erste Gnadenbildkuss war dem großen bayerischen Kurfürsten Maximilian I. Anfang des 17. Jahrhunderts vorbehalten. Was einst ein Privileg der Fürstenhäuser und besonderer Förderer der Wallfahrt war, entwickelte sich zu einer frommen Tradition sowohl für die Altöttinger Bevölkerung als auch für Pilger.

Daraus entwickelte sich der Brauch, dass jeweils am Aschermittwoch das Gnadenbild zur besonderen Verehrung in die Stiftskirche übertragen wird und der Gnadenbildkuss auch durch das „einfache Volk" nachvollzogen werden durfte. Aus konservatorischen Gründen wurde 2005 der Gnadenbildkuss durch eine besondere Form der Marienverehrung ersetzt: Die Gläubigen berühren den Saum des Kleides der Muttergottes. Ihre mitgeführten Andachtsgegenstände werden von den Geistlichen mit dem Gnadenbild in Berührung gebracht.

Verleihung der Goldenen Rose

Seit dem Mittelalter besteht die Tradition, eine „Goldene Rose" zu verleihen, die Papst Johannes Paul II. wieder aufgenommen hat. Sein Nachfolger Papst Benedikt XVI. vergab diese hohe Auszeichnung zunächst an Mariazell in Österreich und Aparecida (Brasilien), ehe sie Altötting als erstem deutschen Wallfahrtsort zuteil wurde.

Die aus Gold gefertigte Blüte symbolisiert Jesus Christus. Zum Fest Maria Himmelfahrt des Jahres 2008 überbrachte der Kölner Kardinal Joachim Meisner die „Goldene Rose" als Zeichen und sichtbares Zeugnis der besonderen Wertschätzung des Gnadenortes durch Papst Benedikt XVI., der in einem Dekret seine Verbundenheit mit Altötting betonte.

Zur traditionellen Marienverehrung am Aschermittwoch überträgt der Administrator das Gnadenbild aus der Heiligen Kapelle in die Stiftskirche.

Traditionen und Höhepunkte im Jahresverlauf

Aschermittwoch: Gnadenbildverehrung in der Stiftskirche

Frühjahr/Herbst: Hauptfeste der Marianischen Männerkongregation

Karwoche und Ostern: Eindrucksvolle Liturgie

April: Bruder-Konrad-Fest mit Reliquienprozession, Fußwallfahrt der Passauer Diözesanjugend

„Marienmonat" Mai: Hauptwallfahrtsmonat mit vielen Pilgergruppen, Lichterprozessionen und Maiandachten, Fußwallfahrt von Bürgern der Stadt Landshut mit über 500jähriger Tradition (erstmalige Wallfahrt 1493)

Pfingsten: ca. 50.000 Fußpilger aus ganz Bayern (Regensburger Fußwallfahrt mit über 7.000 Teilnehmern als größte Gruppe), Sternwallfahrt der „Legio Mariae" aus München, Rosenheim und Salzburg

Juli / August: Wallfahrt der Sudetendeutschen, Gelöbniswallfahrt der Donauschwaben, Krankenwallfahrt der Malteser, St.-Anna-Wallfahrt der Oberschlesier

August: Internationales Jugendforum der Gemeinschaft Emmanuel

14. August: Große Lichterprozession am Vorabend des Feiertages Maria Himmelfahrt

„Rosenkranzmonat" Oktober mit vielen Pilgergruppen

Veranstaltungen im Advent: Konzerte, Adventsingen, Krippenausstellung, Christkindlmarkt

Sonderwallfahrten (Trachten-, Schützenvereine, Radfahrer, Biker, Reiter, Katholische Arbeiterbewegung, Frauenbund, Landfrauen, Landsmannschaften und Regionen)

Oben links: Die Tradition, das Gnadenbild am Karfreitag mit einem schwarzen Schleier zu verhüllen, führte der Altöttinger Stiftsdechant Joseph Hagn 1737 ein, der diesen Brauch ein Jahr zuvor im italienischen Wallfahrtsort Loreto beobachtet hatte. Aus dem Originalschleier oder den „am Gnadenbild berührten" Schleierbändern werden Tausende der begehrten „Schleierbildchen" angefertigt, indem man Teile des Schleiers auf Andachtsbildchen von „Unserer Lieben Frau" befestigt.

Oben rechts: Zweimal im Jahr erleuchtet die Sonne an besonderen Tagen nachmittags auf wunderbare Weise durch das Westfenster des Oktogons das Antlitz der Muttergottes: an Maria Verkündigung (25. März) und an Maria Geburt (8. September).

Rechte Seite: Impressionen aus dem Wallfahrtsjahr von oben links nach unten rechts: Heiliges Grab am linken Seitenaltar der Gnadenkapelle, Prozession mit der Hauptreliquie des Hl. Bruder Konrad, Trachtenwallfahrt, Einzug der Regensburger Fußwallfahrer, Radwallfahrt, Jugendgottesdienst in der Basilika

Heilige Maria
beschütze Tracht und Heimat
Penzberg 27.6.99
Den Toten zur Ehr'

Lichterprozessionen

Zu den nachhaltigen Eindrücken einer Altötting-Wallfahrt gehört die Teilnahme an einer abendlichen Lichterprozession auf dem festlich beleuchteten Kapellplatz.

Der Kapuziner Pater Anton von Lavaur (1825-1907) führte die Lichterprozessionen in Lourdes ein. Diese Art der Huldigung an Maria wurde auch von anderen Wallfahrtsorten übernommen. 1894 fand die erste Lichterprozession in Altötting statt. 1940 wurde sie wegen Verdunkelungsvorschriften verboten, erlebte aber nach dem Krieg eine Blütezeit. 1967 installierte man ein fest montiertes Ringsystem elektrischer Lämpchen rund um den Kapellplatz. Die damalige Wegrandmarkierung nach der Art heutiger Start- und Landebahnen ist heute nicht mehr vorhanden.

Die größte Lichterprozession findet alljährlich am Vorabend des Feiertags Maria Himmelfahrt am 14. August statt. Mehr als 20.000 Besucher waren in den 50er und 60er Jahren dabei keine Seltenheit. Dabei begeben sich auch noch heute hohe geistliche und weltliche Würdenträger als Pilger auf den Weg um die Kapelle.

Auch heute noch beteiligen sich viele Gläubige an diesen traditionellen Feier, die folgendermaßen abläuft: Am Abend versammeln sich die Gläubigen in der Basilika zu einem Gottesdienst. Anschließend ziehen sie bei einbrechender Dunkelheit mit brennenden Kerzen singend und betend zum Kapellplatz und in immer enger werdenden Spiralen um die Gnadenkapelle. Vor der Heiligen Kapelle beschließen Ansprache, Abendgebet und der Segen des Priesters die Feier. Zu besonderen Anlässen erweist der Bischof von Passau dem Wallfahrtsort die Ehre und erteilt mit dem berühmtesten Gnadenbild seiner Diözese den Schlusssegen.

Unter dem Sternenhimmel des 14. August zeigt das letzte Raumbild der Dioramenschau die Lichterprozession. Man sieht von der Basilika aus den Kapellplatz, wie er sich heute dem Besucher darbietet. Die Wallfahrer ziehen den Kapuzinerberg hinauf zwischen den Alten und Neuen Chorherrenstöcken zum Kapellplatz, auf dem vor der erleuchteten Gnadenkapelle das Gnadenbild U. L. Frau von Altötting auf einem Altar aufgestellt ist.

Bedeutende Marienwallfahrtsorte in Europa

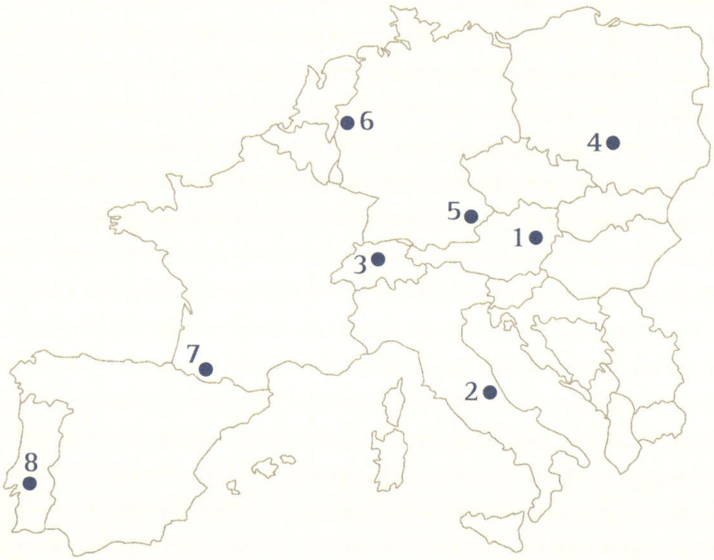

Millionen von Gläubigen pilgern jedes Jahr aus unterschiedlichen Beweggründen zu den zahlreichen Marienwallfahrtsorten in aller Welt. Manche dieser Gnadenorte können auf eine jahrhundertelange Tradition zurückblicken, während sich andere erst verhältnismäßig spät entwickelten. Die Auflistung auf der folgenden Seite gibt einen Überblick über bedeutende Marienwallfahrtsorte in Europa.

Unter der Bezeichnung „Shrines of Europe" schlossen sich im Jahr 1996 fünf der bedeutendsten Marienwallfahrtsorte Europas zusammen. Es waren dies Lourdes, Tschenstochau, Fatima, Loreto und Altötting. 2004 kam Mariazell hinzu. Die Bürgermeister der einzelnen Wallfahrtsstätten treffen sich regelmäßig an einem der Mitgliedsorte zum gegenseitigen Erfahrungsaustausch und zur Planung der Weiterentwicklung. Dabei geht es um die Zusammenarbeit auf kultureller, wirtschaftlicher, politischer und vor allem auf geistlicher Ebene.

Mariazell (Österreich)

Loreto (Italien)

Einsiedeln (Schweiz)

Tschenstochau (Polen)

Ort		Wallfahrtsbeginn	Pilger / Jahr*	Einwohner	Gnadenbild
1	Mariazell	12. Jh.	800.000	1.600	Madonnenfigur mit Jesuskind
2	Loreto	14. Jh.	3.000.000	12.000	Schwarze Madonna mit Jesuskind
3	Einsiedeln	14. Jh.	400.000	14.000	Schwarze Madonna mit Jesuskind
4	Tschenstochau	14. Jh.	5.000.000	250.000	Ikone der Schwarzen Madonna
5	Altötting	1489	1.000.000	13.000	Schwarze Madonna mit Jesuskind
6	Kevelaer	1642	800.000	28.000	Muttergottesbild (Kupferstich)
7	Lourdes	1858	6.000.000	16.000	Rosenkranzmadonna
8	Fatima	1917	5.000.000	10.000	Rosenkranzmadonna

* Schätzungen aus verschiedenen Quellen

Altötting (Deutschland)

Kevelaer (Deutschland)

Lourdes (Frankreich)

Fatima (Portugal)

Das Marienwerk als Auftraggeber

Prälat Ludwig Uttlinger

Im Jahre 1934 wurde der Seelsorger Ludwig Uttlinger als Stiftskapellmeister nach Altötting berufen, wo er über vier Jahrzehnte die Kirchenmusik am Wallfahrtsort prägte. Kurz nach dem 2. Weltkrieg, am Fest Mariä Verkündigung 1946, konnte er mit Zustimmung der amerikanischen Militärregierung die Altöttinger Musikgemeinde gründen, aus der im Jahre 1955 das Altöttinger Marienwerk e. V. hervorging.

Dieser eingetragene, gemeinnützige Verein, der sich auch als Gebetsgemeinschaft versteht, hat in seiner Satzung den Dienst zur größeren Ehre der Gnadenmutter von Altötting festgeschrieben. Dies soll vor allem durch die Pflege der traditionellen Kirchenmusik, den religiösen Film, die volkstümliche Wallfahrtskunde u. a. erreicht werden.

Trotz des bis heute geringen Vereinsbeitrags wuchs das Marienwerk zu einem bedeutenden kirchlichen Verein und konnte dank der Treue seiner Mitglieder bereits in den 50er Jahren mit dem Marienfilm „Unsere Liebe Frau" und der Dioramenschau zwei Großprojekte, die das gewachsene Vertrauen der Gläubigen verständlich machen, in die Tat umsetzen.

Prälat Ludwig Uttlinger (1899-1978)
Gründer des Altöttinger Marienwerks

Im „Neuen Haus" des 1955 gegründeten Altöttinger Marienwerks sind die Dioramenschau und die Marienfilme zu sehen

Die Marienfilme „Unsere Liebe Frau"

1950 entstand mit oberhirtlicher Approbation im Auftrag der Altöttinger Musikgemeinde der Marienfilm mit dem Titel „Unsere Liebe Frau". Der Regisseur Anton Kutter schrieb auch das Drehbuch, die Kamera führte Josef Kirzeder.

Stiftskapellmeister Ludwig Uttlinger komponierte die Filmmusik und leitete persönlich die Münchner Philharmoniker. Bekannte Schauspieler wie Georg Vogelsang (Pilger), Franziska Kinz (Mutter beim ersten Wunder), Fritz Reif (Kurfürst Maximilian), Albert Spenger (Graf Tilly), Walter Holten (Kurfürst Karl Albrecht) und Fred Kallmann als Kaiser Karl V. sowie viele Altöttinger Bürger als Statisten machen die über 500jährige Geschichte der Wallfahrt nach Altötting lebendig.

Nach der Erstaufführung im Jahre 1951 sahen mehr als eine Million Besucher diesen eindrucksvollen Schwarz-Weiß-Film mit dem 1. Wunder aus dem Jahre 1489 als Höhepunkt. Im Filmlexikon „Filme von A-Z" wird der Inhalt wie folgt beschrieben: „Der aus Spiel- und Dokumentarszenen zusammengesetzte Film bringt die Geschichte von Altötting und den Sinn der Altöttinger Wallfahrt zur Darstellung. Er ist routiniert und professionell gefertigt und um Seriosität bemüht, gleichzeitig aber auch sehr pathetisch."

1977 entstand ebenfalls unter der Regie von Anton Kutter ein weiterer Marienfilm in Farbe, der legendenhafte und historisch belegte Ereignisse aus der Geschichte Altöttings vom 6. Jahrhundert an enthält.

Dr. Hanns Albert (1905-1965)

Die Dioramenschau Altötting

Stiftskapellmeister Ludwig Uttlinger hatte die Idee, bedeutsame Ereignisse und Persönlichkeiten aus der Altöttinger Wallfahrtsgeschichte plastisch darzustellen. Dabei ging er zunächst von lebensgroßen Figurengruppen aus. Bei der Suche nach einem geeigneten Künstler erhielt er Hilfestellung durch Dr. Wilhelm Döderlein, dem ehemaligen Hauptkonservator des Bayerischen Nationalmuseums. Dort arbeitete der akademische Bildhauer und Kunstmaler Reinhold Zellner als freier Mitarbeiter bei der Restaurierung der „Schmederer Krippensammlung" mit. Nach einem ersten Treffen im Winter 1956 vergab Ludwig Uttlinger den Auftrag zur Dioramenschau an den vielseitigen Künstler. In Zusammenarbeit mit seiner Ehefrau Dora, dem Kunstmaler Hans List und dem Werkzeugmacher Josef Schacherbauer entstanden dreidimensionale Raumbilder, die in einzigartiger Weise Höhen und Tiefen der Altötting-Wallfahrt veranschaulichen.

Dr. Hanns Albert

Der Sohn des königlichen Rates Konrad Albert, dem letzten weltlichen Administrator der Gnadenkapelle, studierte an der Universität München Musik, Theater und deutsche Literatur und durchlief eine Ausbildung zum Musikwissenschaftler. 1927 promovierte er in München mit einer Dissertation über den bedeutenden Altöttinger Kirchenmusiker Abraham Megerle. Danach profilierte er sich als Schriftleiter sowie als Dirigent von Chören und Orchestervereinigungen u. a. in Berlin. Seit 1948 war Dr. Albert Mitarbeiter der Altöttinger Musikgemeinde, Dirigent des Pfarrchores, der Liedertafel Altötting sowie des Werkschores und -orchesters der Farbwerke Hoechst in Gendorf. Von 1954 bis zu seinem Tod im Jahre 1965 leitete er die Lokalredaktion des „Alt-Neuöttinger Anzeigers". Stiftskapellmeister Ludwig Uttlinger zog den profunden Kenner der Altötting-Wallfahrt sowohl beim Marienfilm als auch bei der Dioramenschau als Berater und Mitarbeiter hinzu. Gemeinsam mit dem Gründer der Marienwerks zeichnete er für die Musik des Marienfilms verantwortlich und wirkte u. a. bei der Auswahl der Themen für die 17 Großraumdioramen mit.

Paula Beck

Wertvolle Hinweise bei der Entstehung der Dioramenschau erhielt Reinhold Zellner u. a. von Paula Beck. Die Gattin des Altöttinger Apothekers Dr. Hugo Beck und Tochter des Fabrikbesitzers Andreas Esterer hatte sich lange Zeit als Heimatforscherin um die Kreisstadt verdient gemacht und eine umfangreiche heimatgeschichtliche Sammlung zusammen getragen, die im damaligen Heimatmuseum, dem Franziskanerhaus am Bruder-Konrad-Platz, untergebracht war. Vor allem alte Stiche und Ansichten ermöglichten es dem Dioramenbauer, das frühere Hofmarksdorf Altötting in der jeweiligen Zeit historisch getreu nachzugestalten.

Paula Beck (1878-1960)

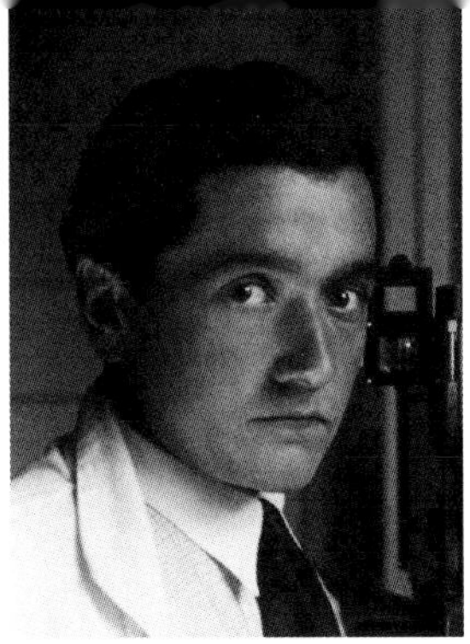

Anton Kutter (1903-1985)
Dora Zellner (1912-1990)
Reinhold Zellner (1903-1990)

Anton Kutter

Der aus Biberach an der Riß stammende Filmregisseur und Astronom studierte an der TH Stuttgart Maschinenbau. Seine große Leidenschaft war jedoch der Film. Von 1931 bis 1949 arbeitete er erfolgreich für die „Bavaria Filmkunst" in München und wurde auf der Biennale in Venedig mit zwei Goldmedaillen ausgezeichnet. Insgesamt schuf er über 50 Dokumentar- und Spielfilme, u. a. 1937 einen Science-Fiction Film „Weltraumschiff I startet" über einen Flug zum Mond im Jahre 1963.

Nach dem 2. Weltkrieg übernahm er von seinem Schwiegervater das Filmtheater in Biberach und eröffnete 1955 mit dem „Urania-Theater" ein zweites hochmodernes Kino.

Daneben betätigte sich Anton Kutter als erfolgreicher Astronom und konstruierte ein neues Spiegelteleskop, das 1958 als Kutter-Schiefspiegler international bekannt wurde. In Biberach richtete er eine eigene Sternwarte ein, die mit einem Schiefspiegler mit 30 cm Hauptspiegel ausgerüstet war.

Reinhold Zellner

Der in München gebürtige Sohn eines Schuhmachermeisters begann zunächst eine Schreinerlehre in München. Maximilian Graf von Courten ermöglichte ihm das Studium an der Akademie für angewandte Kunst in München, das Zellner als akademischer Bildhauer und Kunstmaler abschloss. Nach dem 2. Weltkrieg spezialisierte sich Reinhold Zellner gemeinsam mit seiner Frau Dora auf den Krippenbau und arbeitete als freier Mitarbeiter am Bayerischen Nationalmuseum.

Zu Beginn der 50er Jahre schuf er eine Krippe, die er 1954 an die Stadt München verkaufte. Sie bildet auch heute noch als Münchner Stadtkrippe eine viel bestaunte Attraktion des Münchener Christkindlmarkts am Marienplatz.

1954 gestaltete das Ehepaar Zellner gemeinsam mit dem Priener Kunstmaler Bartholomäus Wappmannsberger und dessen Frau Hedwig das Diorama Bethlehem in Einsiedeln (Schweiz). Mit 35 m Horizontlinie wird sie als größte Krippe der Welt bezeichnet. In den Jahren 1957-59 schuf Reinhold Zellner mit der Dioramenschau Altötting sein Meisterwerk auf dem Gebiet der bildenden Kunst.

Im Schweizer Marienwallfahrtsort Einsiedeln gestaltete das Ehepaar Zellner die größte Krippe der Welt.

Dora Zellner

Die in Augsburg geborene Dora Kühlhorn erlernte nach dem erfolgreichen Abschluss des Lyzeums 1929 den Beruf der Kindergärtnerin. Im letzten Kriegsjahr lernte sie den Künstler Reinhold Zellner kennen und erwies sich bald als kongeniale Partnerin des Bildhauers. Gemeinsam schufen sie zahlreiche Krippenfiguren. Dabei kamen Dora ihre herausragenden Fähigkeiten im Zeichnen und Handarbeiten zugute. Gemeinsam mit ihrem Mann entwickelte sie bei der Bekleidung und Kaschierung der Figuren einen unverkennbaren Stil. Für die ca. 350 Figuren in der Dioramenschau fertigte Dora Zellner die Schnitte für die Kostüme der jeweiligen Zeit an und sorgte für einen perfekten Faltenwurf. Auch bei der Gestaltung der Landschaft half sie tatkräftig mit.

Hans List

Ursprünglich sollte Reinhold Zellner auch die malerische Gestaltung der Dioramenschau übernehmen. Doch bereits nach wenigen Wochen stellte sich heraus, dass sich dadurch die Zeit bis zur Vollendung des Werks deutlich verlängern würde. Deshalb engagierte das Marienwerk zusätzlich den aus Berlin stammenden Kunstmaler Hans List, der seit 1945 in Altötting wohnte. 1933 hatte er den Rompreis erhalten, die höchste Auszeichnung der Preußischen Akademie der Künste. Hans List erwies sich als idealer Partner des Dioramenbauers. Er malte nicht nur die großformatigen Hintergründe der Raumbilder und die diffizilen Einzelheiten in akribischer Arbeit, sondern wirkte auch bei der Planung der malerischen Ausgestaltung mit.

Hans List (1902-1977)

*Josef Schacherbauer (*1921)*
Dr. Angela König (1902-1966)

Josef Schacherbauer

Der gelernte Werkzeugmacher stand seit 1951 in den Diensten des Marienwerks. Als langjähriger Dirigent der Musikkapelle Altötting, Hausmeister und Filmvorführer war er für den Verein unentbehrlich. Von 1952 bis 1987 leitete er als Ehrendirigent die Geschicke der Blasmusikkapelle und bildete über 400 Musiker/-innen aus. Für seine Verdienste um die Musik erhielt er zahlreiche Auszeichnungen, u.a. das Bundesverdienstkreuz.

Der äußerst geschickte und vielseitige Mitarbeiter erwies sich auch als Glücksfall für die Gestaltung der Dioramenschau. Ihm genügten einfache Skizzen und Anweisungen Zellners, um auch die kniffligsten handwerklichen Aufgaben umzusetzen. Durch die naturgetreue, perspektivisch ausgeklügelte Wiedergabe von Gebäuden und Geländeteilen entstanden faszinierende Bühnenbilder mit vielen historisch einwandfreien Details, die dem flüchtigen Betrachter verborgen bleiben.

Mater Dr. Angela König

Ohne intensives Quellenstudium hätte Reinhold Zellner die Dioramenschau niemals derart lebendig gestalten können. Dabei kam ihm das Werk von Mater Angela König zugute. Diese hatte 1939/40 in akribischer, wissenschaftlich fundierter Arbeit zwei Bände zur Altöttinger Wallfahrtsgeschichte unter dem Titel „Weihegaben an U. L. Frau von Altötting" verfasst. Ihre Bücher enthalten zahlreiche Details, die Reinhold Zellner dank seiner ausgeprägten Vorstellungskraft für die Gestaltung seiner Raumbilder weitgehend historisch getreu, aber auch in künstlerischer Freiheit nutzte.

Die Dioramenschau Altötting – ein weltweit einzigartiges Kunstwerk

Das Konzept

Die Dioramenschau zeigt in 17 Großraumbildern, die bis zu 5 m breit und 3 m tief sind, kulturgeschichtlich und historisch bedeutsame Ereignisse aus der Geschichte des Marienwallfahrtsortes Altötting. Sie verdeutlichen Höhen und Tiefen der Altötting-Wallfahrt. Besonderer Wert wurde bei aller künstlerischen Freiheit auf historisch getreue Wiedergabe der Szenen gelegt. Da Gebäude, Architektur, Kostüme, Landschaft, Kriegshandwerk, Kunst und Kultur mit geschichtlichen Quellen übereinstimmen, sind die Dioramen kulturgeschichtliche Fundgruben.

Die Leistung des Künstlerehepaares Zellner

Paul Ernst Rattelmüller, von 1973-1989 Heimatpfleger des Bezirkes Oberbayern, stellte dem Ehepaar Zellner für die Arbeiten an der Dioramenschau ein bemerkenswertes Urteil aus:

„Reinhold Zellner hat die hervorragenden Dioramen zur Wallfahrtsgeschichte entworfen und verwirklicht. Diese Dioramen sind einmalig und erstklassig in ihrer künstlerischen Qualität. Bei Reinhold Zellner sind viele Begabungen zusammengekommen, denn nur die Kombination macht einen so einmaligen Dioramenbauer aus: der Maler von Prospekten, der Bühnenbildner im Kleinformat, der Hunderte von Figuren bzw. Tieren aus Ton modellierte, der Regisseur der einzelnen Szenen mit den 30 cm-Figuren im Vordergrund, den kleiner werdenden Figuren im Mittel- und den Zinnfiguren im Hintergrund, der Mann, der nicht, wie heute üblich, bei Kostümen flunkert, ein Mann, der sich kulturgeschichtlich und kostümkundlich auf das Gewissenhafteste erkundigt hat, ehe er an die Arbeit gegangen ist.

Alle seine Arbeiten wären nicht von der hervorstechenden Qualität, wenn ihm nicht seine Frau Dora zur Seite gestanden wäre, die mit ihm die Landschaft gestaltet und die Krippenfiguren gekleidet hat und auch das erstklassig und in der Qualität konkurrenzlos."

Figuren aus Ton

Besonders fasziniert sind die Besucher der Dioramenschau von den ca. 350 plastisch gestalteten Figuren und Tieren im Vorder- und Mittelgrund der Raumbilder. Meisterhaft verstand es Reinhold Zellner, aus Ton ausdrucksvolle Köpfe zu modellieren. Dabei hielt er sich bei den Gesichtern an Vorlagen, die ihm zur

Rechts: Reinhold Zellner mit Paul Ernst Rattelmüller (1924-2004)

Dora Zellner beim Bekleiden von Figuren

Verfügung standen. Graf Tilly und Kaiser Leopold von Österreich aus dem Diorama „Altöttinger Allianz" seien hier stellvertretend genannt. Hände und Füße der Figuren bestehen aus gebranntem Ton, der anschließend bemalt wurde.

Die Figuren in der Dioramenschau bestehen aus einem zweiteiligen Holzkörper, wobei Ober- und Unterkörper mit einem Draht verbunden sind. Ebenso wurden am Ober- und Unterkörper jeweils Drähte angebracht, an denen die Beine und Arme aus Ton befestigt wurden. Die Drähte umwickelte Dora Zellner mit weichem Stoff, um die grobe Körperform herzustellen. Um das Innenleben der Figuren haltbar zu machen, bestrich man den Stoff mit Leim.

Kunstvolles Kaschieren

Damit die Figuren möglichst lebensnah wirkten, wandte das Künstlerehepaar die Technik des Kaschierens an. Für das Bekleiden der Figuren eigneten sich am besten weiche Baumwollstoffe. Um die gewünschten Farben zu erhalten, wurden die Stoffe zum Teil extra eingefärbt. Die Schnitte für die Kostüme fertigte Dora Zellner nach Zeichnungen ihres Ehemannes an. Beim Kaschieren der Figuren entwickelte das Ehepaar Zellner einen unverwechselbaren Stil.

Mit großer Sorgfalt bog das Künstlerehepaar die jeweilige Figur in die entsprechende Stellung, was durch die Holzteile und Drähte im Innern des Körpers besonders gut möglich war. Nach dem Anfeuchten der Stoffe mit Wasser wurde mit einem Pinsel heißer Leim aufgetragen. Man verwendete Knochenleim, der mit Hilfe eines Spirituskochers erhitzt und geschmolzen wurde.

Nun konnte man die einzeln zugeschnittenen Kleidungsteile wie Hosen, Jacken, Ärmel und Mäntel am Körper anbringen und sofort die Grobform der Gewandfalten festlegen. Die Feinformung des Faltenwurfes erfolgte durch das Stecken von Nadeln. Diese mühsame Arbeit erforderte unendliche Geduld. Durch mehrfaches Drehen und gewissenhaftes Nacharbeiten vor dem Trocknen des Leims entstand der perfekte Faltenwurf, der den Zellnerschen Figuren ihre großartige Lebendigkeit verleiht.

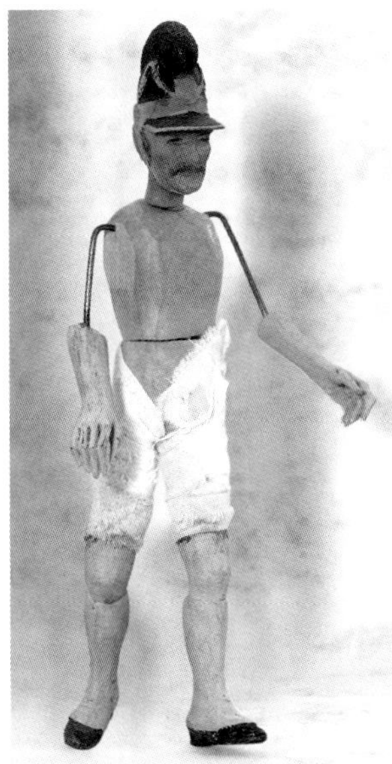

Kopf, Hände und Füße wurden mit Draht mit dem Holzkörper verbunden und anschließend mit Stoff umwickelt.

Historische Kostüme und Bekleidung

Besonders akribisch ging Reinhold Zellner bezüglich der Bekleidung der Figuren vor. Dazu waren kostümkundliche Kenntnisse und gewissenhafte Recherchen nötig. Großer Wert wurde auf Originaltreue bei den Kostümen von Soldaten und Adeligen gelegt. Viel Geduld erforderte auch das Annähen der winzigen Knöpfe, die aus Aluminiumfolie gerollt wurden.

Oben: Kaiser Leopold I. von Österreich und Kurfürst Max Emanuel mit Gefolge in ihren historischen Kostümen.

Rechts: Mit Leinen und Leim-Kreide-Grund wurde das Gelände geformt.

Gestaltung der Landschaft

Nicht minder kunstvoll ist die Gestaltung der Landschaft in den Raumbildern, die möglichst wirklichkeitsgetreu sein sollte. Zunächst zeichnete Reinhold Zellner einen Grobentwurf der Landschaft. Danach wurde, insbesondere bei ansteigendem und abfallendem Gelände, ein Unterbau aus Holz erstellt und mit einem Leinengewebe kaschiert. Auf das Gewebe modellierte der Künstler mit einem Leim-Kreide-Grund den Boden des Dioramas. Natürliches Gras und Moos wurden mit Leim präpariert und auf das Gelände aufgebracht. Durch die Bemalung entstand der endgültige, naturnahe Eindruck.

Perspektivische Gestaltung

Eine besondere Herausforderung an den Dioramenbauer stellte die perspektivische Gestaltung, die bei flüchtiger Betrachtung kaum auffällt. Auch die Größenverhältnisse der Bauten und Figuren bedurften der genauen Planung und eines außergewöhnlichen räumlichen Vorstellungsvermögens.

Besonders schwierig war dies bei dem Diorama, das die Legende von der Stürmerin darstellt. Durch das Schrägstellen der Bodenplatte entsteht die Illusion, vom Glockenstuhl der Stiftskirche zum Kapellplatz hinunter zu sehen. Das bedeutete für Josef Schacherbauer die schier unmögliche Aufgabe, die Gnadenkapelle ohne einen einzigen rechten Winkel nachzubauen. Mit Geschick und Geduld meisterte er aber auch diese Aufgabe bravourös.

Die Übergänge vom Plastischen ins Malerische sind so gestaltet, dass man sie nur bei genauer Betrachtung erkennt.

Übergänge vom Plastischen ins Malerische

Besonders gut geglückt in der Dioramenschau sind auch die Übergänge von der plastischen zur malerischen Gestaltung. Ein beeindruckendes Beispiel ist dabei das Diorama, das die Zeit um 1590 darstellt. Auf der linken Seite gelang dem Kunstmaler Hans List die schwierige Aufgabe so perfekt, dass kaum zu erkennen ist, wo die Malerei beginnt und die Plastik aufhört. Das gleiche Diorama stellte an den Kunstmaler eine noch größere Herausforderung: Wegen der Enge des Raumes mussten die plastisch gestaltete Stiftskirche und die Gnadenkapelle zur Wahrung der Perspektive im Halbrund gemalt werden.

Durch Schrägstellung der Bodenplatte gelingt es, die richtige Perspektive für den Betrachter zu schaffen.

Wirklichkeitsnahe Bäume

Mit verschiedene Techniken gestaltete Reinhold Zellner die Bäume. Meist verwendete er Material aus der Natur. Dazu wurden im Wald Wurzeln in entsprechender Form gesammelt, präpariert, bemalt und in die Dioramen eingebaut.

Die Linde im Hintergrund des Dioramas, das den Beginn der Wallfahrt darstellt, wurde dagegen aus vielen Einzelteilen zusammengesetzt. Im Diorama „Schlacht bei Rain am Lech" sind sogar die Frühlingsknospen an den Bäumen zu erkennen (siehe Abb. unten links).

Eine Besonderheit stellen die Bäume in Raumbild „Zeit der Aufklärung" dar. Wie auch in den anderen Dioramen handelt es sich hierbei um Funde aus der Natur, bei denen an einigen kahlen Stellen Äste eingesetzt wurden. Die Herbstfärbung der Blätter der Bäume erforderte eine besondere Technik: Für die Haltbarkeit tauchte man die Heidelbeerblätter in flüssiges Paraffin. Die Färbung des Paraffins in herbstliche Farben vermittelt in Verbindung mit der Malerei die Stimmung eines sonnigen Herbsttages.

Die Herbststimmung entstand, indem man Heidelbeerblätter in farbiges Paraffin tauchte.

Lebendige Tier- und Menschendarstellungen

Die von Reinhold Zellner aus Ton modellierten Tiere und die mit Hilfe seiner Frau Dora kaschierten Figuren bestechen durch ihre Lebendigkeit und Ausdruckskraft. Charakteristische Beispiele hierzu sind Detailaufnahmen aus dem Diorama über das zweite Wunder.

Nur ein aufmerksamer Betrachter kann erkennen, dass einzelne Blätter in minutiöser Feinstarbeit mit Draht an den Bäumen befestigt wurden.

Fluoreszierende Leuchtfarben

Ein kleines „Wunder" erlebte der Auftraggeber, Stiftskapellmeister Ludwig Uttlinger, beim Diorama, das den Großbrand in Altötting darstellt: Auf dem Weg zu einem Gottesdienst in der Basilika schaute er kurz bei den Künstlern vorbei, die sich bemühten, den Brand eindrucksvoll in Szene zu setzen. Es schien eine schier unlösbare Aufgabe: Wie sollte man das Feuer zum Glühen bringen? Als er nach einer Stunde vom Gottesdienst zurückkam und das Feuer leuchten sah, rief er aus: „Ein Wunder!"

Mit Hilfe von damals gerade erst neu entwickelten fluoreszierenden Farben und einer Ultraviolettlampe war es gelungen, die Flammen zum Leuchten zu bringen. Auch in den Kleindioramen wurden derartige Lampen in Verbindung mit Leuchtfarben verwendet.

Voller Leben wirken die aus Ton modellierten Pferde und der dahinter herlaufende Knecht.

Ein unbekanntes Meisterwerk

Dieses Buch soll dazu beitragen, die Einmaligkeit des Meisterwerkes von Reinhold und Dora Zellner einer breiteren Öffentlichkeit bekannt zu machen. Die Fotos des Bildbandes können aber die Tiefenwirkung der dreidimensionalen Großraumdioramen nur unzureichend wiedergeben. Daher sollte man sich den Kunstgenuss nicht entgehen lassen, die Dioramenschau im Marienwerk Altötting im Original zu besichtigen.

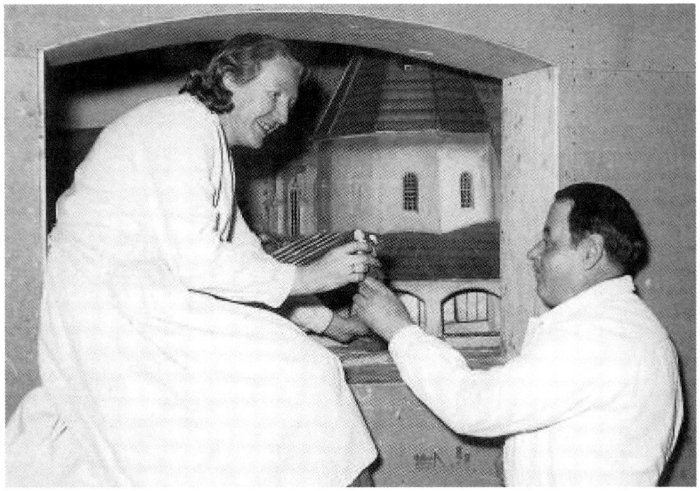

Abb. oben: Reinhold Zellner, Monsignore Ludwig Uttlinger und Hans List bei der Besprechung vor der Fertigstellung eines Dioramas

Abb. unten: Das Ehepaar Zellner beim Einrichten eines Dioramas

Josef Schacherbauer beim Nachbau des Oktogons der Gnadenkapelle

Die Einweihung der Dioramenschau

Im März 1959 wurde die „Dioramenschau Altötting" unter dem Namen „Die Schau" im Marienwerk Altötting eingeweiht und erhielt den kirchlichen Segen durch den damaligen Bischof von Passau, Dr. Simon Konrad Landersdorfer. Im Rahmen der Einweihungsfeier würdigten kompetente Persönlichkeiten in ihren Festansprachen das Kunstwerk.

Dr. Wilhelm Döderlein (1903-1964), Kunsthistoriker und Hauptkonservator im Bayerischen Nationalmuseum München:

„Die Schau vermittelt ihrem Besucher in 17 Großraumbildern eine lebendige Anschauung vom Werden der ehrwürdigen Altötting-Wallfahrt. Die gewählte Form der Darstellung hat sich dabei gewissermaßen von selbst ergeben. Gehen wir davon aus, was gezeigt werden soll: Aus der Fülle der überlieferten geschichtlichen Ereignisse einerseits und aus der Fülle der gewirkten Wunder andererseits sollten einzelne besonders bezeichnende heraus gegriffen werden. Der Besucher soll sich dadurch in einen lebendigen Strom gestellt sehen, der seit dem Beginn der Wallfahrt im ausgehenden 15. Jahrhundert bis zum heutigen Tage ununterbrochen fort fließt. Im Gewand seiner Väter und Vorväter soll er, den ja auch ein Antrieb des Herzens an den Gnadenort geführt hat, sich selbst gespiegelt sehen, soll er erkennen, dass seit Jahrhunderten ‚Unsere Liebe Frau' die Hilfe der Christen, die Trösterin der Betrübten, die mächtige Jungfrau ist.

Man könnte versuchen, dies in Form kleinerer oder größerer Gemälde zu erreichen. Aber auch die Ausdruckskraft eines großen Malers bliebe in zwei Dimensionen gefangen. Um wie viel lebensnaher wird aber eine solche Schilderung, wenn sie in die 3. Dimension, in die die Tiefe der Raumes, vorstößt. Man gehe nur einmal an einem solchen Raumbild entlang: Wie viele Überschneidungen und Verschiebungen des Blickfelds ergeben sich dabei, wie viele neue Aspekte tun sich da auf, wie viele neue Bilder sind da in einem einzigen Bild enthalten?

Dass diese Art der Darstellung für die gestaltenden Künstler erhebliche Schwierigkeiten bringt, liegt klar auf der Hand. Alle Register der Bühnenkunst müssen gezogen werden, vor allem der Beleuchtung und Ausleuchtung kommt entscheidende Bedeutung zu. Zum Wesen solcher Raumbilder gehört es aber auch, dass sie versuchen, möglichst der Wirklichkeit nahe zu kommen. Sie kennen das Phänomen schon aus einer anderen Art von Raumbildern, aus unseren Weihnachtskrippen, die ebenfalls ihrem Wesen nach geistliche Bühnen und in gleicher Weise wesenhaft veristisch sind, soll sich doch auch bei ihnen der Besucher möglichst innig in die Szene hinein versetzen, sich sogar mit den anbetenden Personen vor der Krippe identifizieren.

Der Kunstmaler Hans List setzte Maria, die Schutzfrau Bayerns,eindrucksvoll in den Wolkenhimmel über Altötting.

In den Raumbildern der ‚Schau' soll die Gestalt und Lage eines historischen Bauwerks Wirklichkeit werden, bestimmte Landschaften wieder erkannt werden, die dargestellten Menschen müssen im Gewand ihrer Zeit auftreten, sogar die Gesichtszüge bestimmter Persönlichkeiten müssen wiedererkannt werden. Unmerklich wird dem Besucher ein reiches kulturhistorisches Wissen vermittelt.

Aus unendlich vielen, mühsam erarbeiteten Einzelszenen formt sich ein farbiges Bild einer bestimmten Zeit, so dass in den dargestellten Szenen die gesamte weltgeschichtliche Situation transparent wird. So wird in dem Bild der Wallfahrt um 1500 auch dem einfachen Menschen die Fülle dieser Zeit offenbar werden.

Oder es werden in einem Bild der Verfolgung der Pilger im 16. Jahrhundert die religiösen Spannungen sichtbar, die eine Wallfahrt nach Altötting zu einem Wagnis machten. Man wird mit Rührung die Inbrunst der Verehrung der Gottesmutter erkennen in dem knienden großen Kurfürsten Bayerns, Maximilian I. und seinem treuen Diener, dem Feldherrn Tilly. Die drohende Stimmung des Bildes mit der Schlacht bei Rain am Lech lässt uns beklemmend an die Schrecken eines Krieges denken, der 30 Jahre lang die deutschen Lande verwüstet hat.

Auch in einem folgenden Bild klingt dieses Thema an; aber wie tröstlich steht hier in den Wolken Maria, die Schutzfrau Bayerns. Das Bild der Begegnung des Kurfürsten Max Emanuel mit Kaiser Leopold I. von Österreich erinnert an die Not des Abendlandes, das fast schutzlos der Türkengefahr preis gegeben schien und doch wundersam errettet wurde. Auch die kühle Zeit der Aufklärung wird lebendig in dem Wallfahrerbild von 1809. Und schließlich zeigt die uns die Neuzeit den schlichten Heiligen aus dem Kapuzinerorden und im letzten Bild die überwältigende nächtliche Lichterprozession.

In der Form von 17 illusionistischen Bühnenbildern ist vor Ihren Augen ein Welttheater ausgebreitet. Man hat uns Bayern einer natürlichen Begabung für Spiel und Theater gerühmt. Wo könnte es sich schöner und besser bestätigen als hier, zu Ehren des Gottesmutter ‚ad maiorem Dei gloriam'".

Monsignore Alfons Grüneis
Stiftspropst, Stadtpfarrer und Wallfahrtsinspektor

„Zum Bestand jeder Wallfahrtsstätte gehören Votiv- und Mirakelbilder. Nicht nur Altötting gibt davon Zeugnis. Die Neuschöpfung des Marienwerks, ‚Die Schau', ist vergleichbar mit den großen Werten in kunst- und kulturhistorischer Hinsicht, die Altötting in den 59 großen Mirakelbildern im Kapellumgang besitzt. Damit hat Altötting einen neuen, großen, echten Schatz in dieser Hinsicht bekommen.

‚Die Schau' bietet in einzelnen Bildern einen markanten Abriss der Geschichte der Wallfahrt, einen eindrucksvollen Hinweis auf die weite Ausstrahlung der Altöttinger Gnadenstätte. Im Hinblick auf das große Brandbild der ‚Schau', in dem geschildert wird, wie das Feuer sich nicht nach dem Segen mit dem hochwürdigsten Gut, sondern erst nach dem Segen mit dem Gnadenbild legt, haben wir einen Hinweis auf die fürbittende Allmacht Mariens.

Wenn unsere Buben das grandiose Bild von der Schlacht bei Rain am Lech sehen, wird sich zeigen: Etwas Besseres für den Schulunterricht gibt es doch nirgends mehr. Was uns nun alle 17 Raumbilder aus der Altöttinger Geschichte und Wallfahrt zeigen, und so wie sie es tun, das ist schon einmalig. Wer in Lourdes die Dioramen gesehen hat, der muss sagen: Da stehen die Altötting Dioramen turmhoch darüber. Voll Bewunderung steht man vor solchen Leistungen. Als Wallfahrtsinspektor muss ich meinen wärmsten und überzeugendsten Dank dem Vorsitzenden des Marienwerks als Inspiratoren der ‚Schau' mit allen beteiligten Künstlern und allen Mitgliedern des Marienwerks aussprechen. Altötting hat ein neues, hervorragendes, bisher noch nie da gewesenes Kleinod erhalten, das unter dem Schutz ‚Unserer Lieben Frau' auch immer ein großer Werbefaktor für die Altötting-Wallfahrt sein wird."

Dr. Simon Konrad Landersdorfer
Bischof von Passau

„Wir sind hier versammelt, um einem Werk den Segen der Kirche zu erteilen, das in mehrjähriger Arbeit geschaffen worden ist, sozusagen eine Sammlung vollendeter Kunstwerke eigener Art, gestellt in den Dienst der Wallfahrt. Es ist meine ehrliche Meinung, dass diese ‚Schau' für die Wallfahrt einen großen Gewinn bedeutet, einen Gewinn in mehrfacher Beziehung:

Einmal soll die ‚Schau' die Wallfahrt mit der Entstehung, mit der Geschichte des Heiligtums einerseits, andererseits überhaupt mit den Grundgedanken der Marienverehrung vertraut machen, und zwar auf eine ebenso erhebende wie anschauliche Art. Das zweite ist, meines Erachtens, die eigentliche Aufgabe dieses Werks: Es soll das religiöse Klima, das die Pilger hier erwarten und das auch wirklich nötig ist, wenn der Zweck der Wallfahrt sich erfüllen soll, stärken und festigen. Und dann eine dritte, meines Erachtens sehr bedeutsame Aufgabe: Diese ‚Schau' ist geeignet, wie geschaffen, um die Freizeiten, alle die halben und Viertelstunden, die die Pilger nicht von Gottesdiensten und dem Empfang der Sakramente in Anspruch genommen sind, in einer Weise auszufüllen, die religiös wie künstlerisch so hoch steht. Ein Viertes erhoffe ich, zwar etwas zögernd: Ich erwarte, dass ‚Die Schau' auch mithelfen wird, ein ganz schweres Werk in die Wege zu leiten, nämlich den Wallfahrtskitsch, wenn auch nicht ganz, so doch wenigstens etwas zurück zu drängen.

Dr. Simon Konrad Landersdorfer (1889-1971)

Monsignore Alfons Grüneis (1906-1983)

Wir danken dem Marienwerk, dass es diese ‚Schau' geschaffen hat. Dieses Werk liegt genau in der Linie der dem Marienwerk gestellten Aufgaben. Wir beglückwünschen das Marienwerk zu dieser ‚Schau'. Wir freuen uns über das Geschaffene. Wir hoffen zuversichtlich, dass dieses schöne Werk eine Quelle des Segens werden möge für Altötting und seine Wallfahrt.

Mit diesem Wunsch gebe ich jetzt der ‚Schau' den Segen der Kirche."

Weitere religiöse Sehenswürdigkeiten

Neben der Gnadenkapelle und den vielen Kirchen hat Altötting weitere bedeutende religiöse Sehenswürdigkeiten von überregionaler Bedeutung zu besichtigen.

Haus Papst Benedikt XVI. - Neue Schatzkammer und Wallfahrtsmuseum

An den historischen Baukörper der Administration wurde ein Neubau errichtet. Nach dieser Erweiterung wurden Bestände der Schatzkammer, des Wallfahrts- und Heimatmuseums sowie der Administration zusammengeführt. Haupt- und Prunkstück ist das weltberühmte „Goldene Rössl". Dieses Meisterwerk französischer Goldschmiedekunst von unschätzbarem Wert ist seit 1509 Teil des Kapellschatzes. Darüber hinaus ermöglichen zahlreiche Exponate, die in ein professionelles Konzept eingebunden sind, den Besuchern ein vertieftes Verständnis der Altötting-Wallfahrt.

Abgesehen vom kunst- und kulturhistorischen Wert einiger überregional bedeutsamer Prachtstücke erzählt jedes Objekt von den Sorgen und Nöten, aber auch von den vielen positiven Glaubenserfahrungen der Wallfahrer.

Dank der sorgfältigen didaktisch gegliederten Präsentation eignet sich das Museum in idealer Weise nicht nur für Einzelbesucher, sondern auch für größere Gruppen, Schulklassen und Vereine.

Standort des Museums ist das Gebäude der Bischöflichen Administration am Kapellplatz. Auf der Rückseite verbindet eine aufwändige Glas-/Metallkonstruktion den historischen barocken Baukörper von 1677 mit einem modernen Anbau.

Das „Füll-Kreuz“, ein hohes Stehkreuz aus Ebenholz, ist nach dem „Goldenen Rössl“ (Bild unten) das kostbarste Exponat der Schatzkammer. Der Corpus ist eine erlesene Elfenbeinschnitzerei. Stamm, Querbalken und Basis des Kreuzes sind mit goldenem Zierat, Rubinen, Diamanten und Perlen geschmückt. (Detailaufnahme)

Bekanntestes und wertvollstes Exponat: Das „Goldene Rössl“ (Detail)

Gebetbuch mit Rosenkranz

Links: Das sogenannte „Canisius-Altärchen“. In der Altarnische steht eine aus Eichenholz geschnitzte Statuette Mariens (um 1525), Hans Leinberger zugeschrieben. Über dieses Figürchen berichtet das Schatzinventar von 1645: „...unser lieben Frauen Uhralt hilzene Bildtnus, welche P. Petrus Canisius der Societet Jesu 1570 einer besessnen Freyle, namens Anna von Pernhausen, als er den besen Geist ausgetriben, an das Haubt gehebt...“

Der Historienmaler Prof. Gebhard Fugel (1863-1939), Schöpfer des Jerusalem Panoramas Kreuzigung Christi

Der Zentralbau des Panoramas über zwölfseitigem Grundriss (Höhe 15 m, Durchmesser 30 m)

Das Jerusalem Panorama Kreuzigung Christi

Zum religiösen und künstlerischen Reichtum Altöttings zählen wesentlich zwei außerordentliche Werke der bildenden Künste von hohem Seltenheitswert: die Dioramen Reinhold Zellners, szenisch eingerichtete Schaufenster zur Welt der Geschichte der Wallfahrt, und das weltberühmte monumentale Jerusalem Panorama Kreuzigung Christi von Prof. Gebhard Fugel (1863-1939), das 1903 eröffnet wurde.

Beide Gestaltungsarten erreichten ihre klassische Prägung im 19. Jahrhundert; die mehr kleinformatige echter Volkskunst und demgegenüber das Panorama mit einer die Betrachter zu 360 Grad umschließenden Historienmalerei, eingefügt einem kirchengroßen, frei stehenden Zentralbau über zwölfseitigem Grundriss. Sie misst in der Höhe elf Meter und 95 Meter der Länge nach bei einem Gebäudedurchmesser von 30 Metern.

Das Jerusalem Panorama hat den Stellenwert eines Unikats. Unversehrt am Ort seiner Entstehung erhalten, 1984-1989 und 2004-2007 originalgetreu restauriert, 1996 samt Grundstück in eine gemeinnützige, öffentliche Stiftung eingebracht, vertritt es als einziges Exemplar seiner Art das klassische Panorama in Deutschland. „Das schönste Panorama der Welt, in religiöser Hinsicht und als Glanzstück der Kunstgeschichte", urteilt Prof. Song von der Kunstakademie in Shenyang.

Überdies stellt das monumentale Raumbild des Panoramas eine Ikone christlicher Kunst in Deutschland dar. Man tauche dort buchstäblich ein in die biblische Szenerie, der Zauber des Ensembles erzeuge „schweigend gebannte Dauer", schreiben Kritiker. Dieser einzigartige Kunstbau, ein unvergleichlicher Ort christlicher Meditation, bietet als imaginierter Raum lebendig gebliebener Geschichte eine ungewöhnliche Zeitreise der Erinnerung zu den Ursprüngen der Christenheit.

Der Historienmaler Gebhard Fugel, Schöpfer auch des einzigen umfassenden Bibelbilderzyklus' des 20. Jahrhunderts, galt um 1900 als ein Erneuerer christlicher Kunst. Er entwickelte seinen unverwechselbaren Stil aus vorwärts gewandter Traditionalität im Modus eines quellengestützten, gleichwohl ideellen Realismus. Der Oberschwabe Fugel, ab 1890 in München tätig, schuf das Werk als leitender Künstler unter Mithilfe von fünf Kollegen innerhalb eines Jahres ohne Auftrag, somit als freie Arbeit der Kunst. Er habe „das biblische Geschichtsbild zu neuer Reinheit geführt", bilanziert die Kunstgeschichte.

Die Rundbildmalerei im Großformat und ihre Bezeichnung als Panorama erfand der iroschottische Maler Robert Barker 1786. Sein Londoner Panorama von 1793 gab für mehr als 200 Jahre Panorama-Kunstgeschichte das Richtmaß vor.

Der herodianische Tempelbezirk, das sakrale Zentrum des jüdischen Volkes

Die uralte Davidstadt talwärts und bergan Sion, die Oberstadt, zuhöchst der Abendmahlssaal und daneben der Sitz des Hohen Rats, seitlich die Sionsburg, Jerusalemer Behörde von Pontius Pilatus

Die Richtstatt Golgota am 7. April 30: Christus stirbt am Kreuz

Mechanische Krippe: Römisches Kastell mit Felsenschmiede (Detail)

Krippen in Altötting

Altötting ist einer der ersten Orte in Bayern, in denen zur Weihnachtszeit eine Krippe aufgestellt wurde. So gibt es schon seit 1601 öffentliche Krippen in Altöttinger Kirchen, die von den Jesuiten eingeführt wurden. Besondere Beachtung finden die Jahreskrippen, in denen im Jahresverlauf verschiedene biblische Szenen dargestellt werden.

Großen Wert besitzt die Jahreskrippe im Kreuzgang der Stiftskirche. Sie wurde 1905 von dem Münchener Bildhauer Sebastian Osterrieder mit Terracottafiguren und kaschierten Gewändern geschaffen. Eine weitere Jahreskrippe befindet sich seit 1912 im Beichtgang der Basilika mit holzgeschnitzten Figuren aus dem „Herrgottschnitzerdorf" Oberammergau.

Die Mechanische Krippe

Eine Krippe ganz besonderer Art findet man unweit des Kapellplatzes in der Nähe des Panoramas. Seit Jahrzehnten drängen sich Kinder und Erwachsene vor der sogenannten „Mechanischen Krippe". Die Besonderheit liegt darin, dass ein Teil der 130 Figuren beweglich sind und elektrisch angetrieben werden.

Die Krippenfiguren wurden nach altitalienischen Vorbildern in den Jahren 1926-28 handgeschnitzt und haben nichts von ihrer Eindruckskraft verloren. Auf einer Fläche von ca. 25 qm sind die Geburt Christi und Alltagsszenen aus der Gegend von Bethlehem in lebendiger Bewegtheit dargestellt. Sigmund Wagner (1905) schnitzte die Figuren, Lukas Wagner (Jg. 1900) sorgte für die Mechanik, der Vater Josef Wagner (Jg. 1879) malte die Kulissen und der Bildhauer Johann Spegel (Jg. 1872) kaschierte die Figuren. Die Krippe steht seit 1922 in Altötting.

Anschrift

Kreszentiaheimstraße 18
84503 Altötting
Telefon (0 86 71) 66 53

Ötting bis zum Beginn der Wallfahrt

0 500 600 700 750 800 850 900 1000

Herscher-geschlechter | Agilolfinger 6. Jahrhundert bis 788 | Karolinger 788 - 911

ab 500
Mission in Bayern
u.a. durch Emmeram

um 700
Bau des Oktogons
als Baptisterium

um 720
Rupertus wirkt im
Raum Salzburg

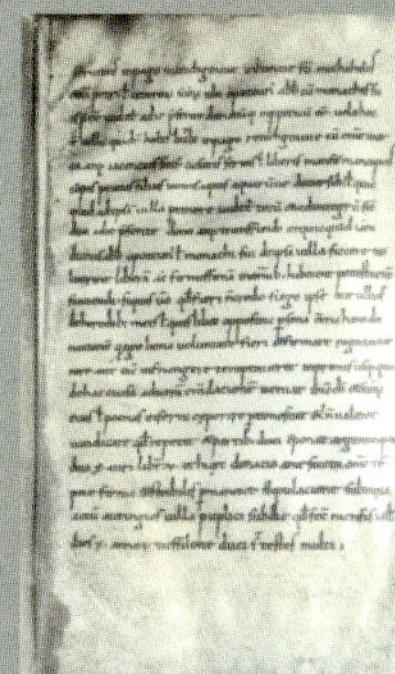

748
Erste urkundliche
Erwähnung Öttings

788
Absetzung Tassilos III.
durch Karl d. Großen

877
König Karlmann
gründet das 1. Stift

907
Ungarneinfall
in Ötting

1200 1300 1350 1400 1450 1500

u.a. Staufer | Wittelsbacher 1180 - 1918

1228
Ludwig I. gründet das
2. Altöttinger Stift

um 1350
Aufstellung der Muttergottes im Oktogon

1489
Das erste Wunder von Altötting

1489
Das zweite Wunder von Altötting

Die Geschichte des Marienwallfahrtsortes Altötting

1480 1490 1500 1510 1520 1530 1540 1550 1560 1570

Herzogtum Baiern

Förderung durch bayerische Herrscher aus dem Hause Wittelsbach

1479-1503
Georg der Reiche

(1465) 1503-1508
Albrecht IV. der Weise

1508-1550
Wilhelm IV. der Standhafte

1550-1579
Albrecht V. der Großmütige

Bedeutende Persönlichkeiten, Bau- und Kunstwerke, Geschichtsquellen, Ereignisse

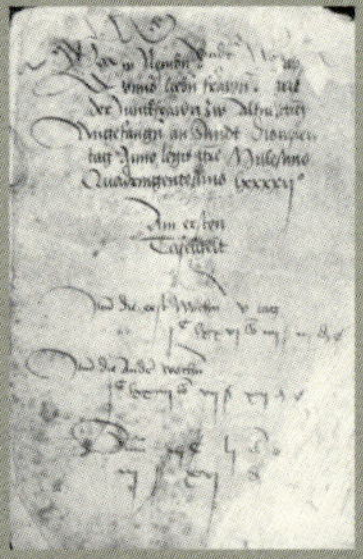

1492
Älteste erhaltene Kapellrechnung

1495/97
Älteste Altöttinger Mirakelschrift

1496
Mirakelschrift des Chorherrn Issickemer

1501
Älteste erhaltene Votivtafel

Um 1495
Anbau des Langhauses an das Oktogon

1509
Das Goldene Rössl

1520
56 Mirakeltafeln entstanden

Wichtige Ereignisse in der Altöttinger Wallfahrtsgeschichte

Um 1490
Aufblühen der Wallfahrt nach Altötting

1520-1570
Niedergang durch die Reformation

1570
Teufelsaustreibung durch Petrus Canisius

1580 1590 1600 1610 1620 1630 1640 1650 1660 1670

Kurfürstentum Baiern

1579–1598
Wilhelm V. der Fromme

1598–1651
Maximilian I. der Große

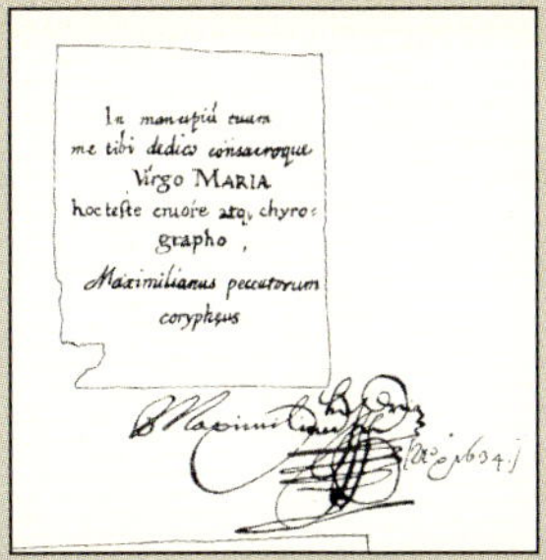

In mancipium meum me tibi dedico consecroque Virgo MARIA hoc teste cruore atq. chyrographo, Maximilianus peccatorum coryphæus

1645
Blutweihebrief

1651–1679
Friedensfürst Ferdinand Maria

1570
Madonna von
Hans Leinberger

1535–1578
Stiftspropst
Martin Eisengrein

1559–1632
Johann t'Serclaes
Graf von Tilly

1594–1632
Gustav II. Adolf
von Schweden

1637
Marienbrunnen
am Kapellplatz

1593–1661
Stiftspropst Kardi-
nal Wartenberg

bis 1645
Gotischer
Gnadenaltar

ab 1645
Maximilianischer
Gnadenaltar

1591–1773
Wallfahrtsbetreuung durch die Jesuiten

1632 Tödliche Verwundung
Graf Tillys bei Rain am Lech

1645
Blutweihe von Kurfürst Maximilian I.

1648 Dreißigjähriger Krieg
Rückzug der Schweden und Franzosen

Die Geschichte des Marienwallfahrtsortes Altötting

1680 | 1700 | 1720 | 1740 | 1760 | 1780 | 1800 | 1820 | 1840

Kurfürstentum Baiern

1679–1726
Max II. Emanuel

1726–1745
Karl Albrecht

1745–1777
Max III. Joseph

1777–1799
Karl Theodor

1799–1825
Max I. Joseph

1825–1848
Ludwig I.

1653
Franziskanerkloster St. Anna

17. Jh.
Der Tod von Eding in der Stiftskirche

1670
Barocker Wallfahrtsdom (Modell)

1683–88
Teilnahme Bayerns an Türkenkriegen

1699
Barocke Klosterkirche St. Magdalena

1737
„Silberprinz" am Gnadenaltar

1773
Papst Clemens XIV. hebt Jesuitenorden auf

1782
Papst Pius VI. besucht Altötting

um 1670 / 1680
Neugestaltung des Kapellplatzes durch Zucalli

1681
„Altöttinger Allianz" (Österreich und Bayern)

1704 Wirren des Spanischen Erbfolgkrieges

ab 18. Jahrhundert: Niedergang durch Aufklärung und Säkularisation

1850	1860	1880	1900	1920	1940	1960	1980	2000

Königreich Bayern | Freistaat Bayern

1848–1864
König Max II. Joseph

1864–1886
König Ludwig II.

1886–1912
Prinzregent Luitpold

1912–1918
König Ludwig III.

1918 Ende der Herrschaft der Wittelsbacher – Bayern wird Freistaat

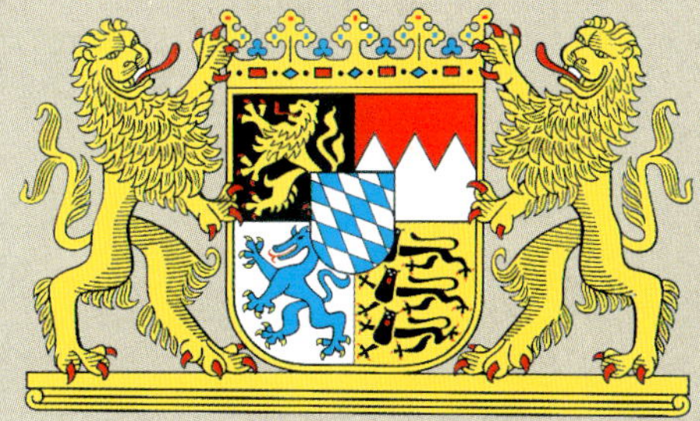

ab 1950 neues Wappen des Freistaates Bayern

um 1830
Ansicht des Kapellplatzes

1841–1873
Redemptoristen wirken in Altötting

1818–1894
Bruder Konrad von Parzham

1897
Eisenbahn Mühl-dorf-Altötting

1910–1912
Bau der Basilika St. Anna

1934
Heiligsprechung Bruder Konrads

1950
Lichterprozession findet wieder statt

2008
Verleihung der Goldenen Rose

ab 1826 Wallfahrtsbetreuung durch die Kapuziner

1910 Grundsteinlegung Basilika St. Anna

1945 Nationalsozialisten erschießen u.a. Administrator Adalbert Vogl

1980 Besuch von Papst Johannes Paul II.
2006 Besuch von Papst Benedikt XVI.

Die Raumbilder der Dioramenschau

Seite	Kleindioramen
22	Legende von Herzog Odo
22	Rupertuslegende: Aufstellung der Muttergottesstatue
ohne Abb.	Rupertuslegende: Taufe des Bayernherzogs
25	Ungarneinfall mit Zerstörung des Ortes 907
25	Legende von der „Schwarzen Muttergottes" von Altötting

Seite	Großraumdioramen
32/33	Das 2. Marienwunder von Altötting 1489
37	Aufblühen der Wallfahrt um 1500
41	Opfergaben in der Gnadenkapelle um 1510
45	Niedergang der Wallfahrt durch die Reformation 1520-1570
47	Pestjahre – der „Schwarze Tod" in Altötting
48	Teufelsaustreibung durch den Jesuiten Petrus Canisius 1570
52	Beginn der organisierten Wallfahrt durch die Jesuiten um 1591
57	Gnadenbildkuss durch Kurfürst Maximilian I.
60/61	Die Schlacht bei Rain am Lech 1632
65	Gnadenbildflucht nach Salzburg 1632
66	Schweden und Franzosen vor Neuötting 1648
71	Die Altöttinger Allianz 1681
74	Die Legende von der Stürmerin 1704
77	Großbrände in Altötting (1630 und 1712)
81	Wallfahrt im Zeitalter von Aufklärung und Säkularisation (19. Jh.)
85	Bruder Konrad von Parzham (1818-1894)
99	Lichterprozession am Vorabend des Feiertags Maria Himmelfahrt

Literaturnachweis

in der Reihenfolge des Erscheinungsjahres

Irsing, Jacobus
Virginis Oetinganae „Historia Libri III"
München 1643

Dr. König, Maria Angela
Weihegaben an U. L. Frau von Altötting Band 1
München 1939/40

Dr. König, Maria Angela
Weihegaben an U. L. Frau von Altötting Band 2
München 1939/40

König, Carl Joseph Maria
Dreimal Chorherrnstift Altötting
Passau 1949

Pfennigmann, Josef
Studien zur Geschichte Altöttings
im Früh- und Nachmittelalter (Dissertation)
München 1952

Schiller, Friedrich
Geschichte des dreißigjährigen Kriegs
Gütersloh 1964

Dr. Bauer, Robert
Bayerische Wallfahrt Altötting
München 1970

Strauß, Hans-Joachim
Altötting in alten Ansichten Band 1
Altötting 1981

Wiebel-Fanderl, Oliva
Die Wallfahrt Altötting: Kultformen
und Wallfahrtsleben im 19. Jahrhundert
Passau 1982

Dr. Hoedl, Pater Franz Xaver
Altötting – Geschichte eines Wallfahrtsortes
Altötting 1984

Kleiner, Karl
Bruder Konrad und Altötting
Würzburg 1984

Öttinger Heimatland e. V. Altötting
Öttinger Land Band 6
Altötting 1986

Nöhbauer, Hans
Die Chronik Bayerns
Dortmund 1987

Zellner, Jörg / Zellner, Reinhold
500 Jahre Marienwallfahrt Altötting
Burghausen 1988

Schad, Martha
Die Frauen des Hauses Fugger von der Lilie
Augsburg 1989

Stadtpfarramt St. Philippus und Jakobus
500 Jahre Marienwallfahrt Altötting –
Erinnerung und Auftrag
Altötting 1990

Becker, Peter / Heine, Heiner
Altötting – Herz Bayerns
und eines der Herzen Europas
Waldkirchen 1997

Marianische Männerkongregation
400 Jahre MC Altötting
Altötting 1999

Stadt Altötting
Altötting – Herz Bayerns
Altötting 2000

Zellner, Jörg / Meinecke, Christine
Reinhold Zellner – Meister des Dioramenbaus
München 2001

Strauß, Johannes
Altötting in alten Ansichten Band 2
Zaltbommel, Niederlande 2003

Dr. Moser, Peter
Altötting – Mythos Geschichte Wahrheit
München 2004

Administration der Heiligen Kapelle
Die Mirakelbilder der Hl. Kapelle in Altötting
Altötting 2007

Oberbayern-Presse-GmbH
Shrines of Europe
Altötting 2008

König, Stefan
Altötting – Wallfahrts- und Stadtgeschichte
Altötting 2008

Bildnachweis

Heiner Heine, Kastl:
Titelbild, S. 15, 16 Mitte, 22 beide, 25 beide, 26 links, 28, 32-33, 34 rechts, 35 oben links und rechts, 37, 39 oben, 40 rechts, 41, 42 links, 45, 46, 47, 48, 52, 53 beide, 58 unten rechts, 60-61, 62 alle, 65, 66, 67 beide, 71, 74, 75, 77, 81, 82 beide, 85, 99, 108 links, 109 rechts, 111 oben und unten links, 120, Zeitleiste

Hildegard Pollety, Altötting:
S. 8 beide, 9 beide unten, 11 beide, 12 beide, 13, 16 links, 16 rechts, 21 unten, 24 rechts, 24 rechts unten, 31 links, 36 rechts, 38 unten, 39 unten, 49 rechts, 50, 56 oben, 58 oben, 58 unten links, 59, 69, 88 unten rechts, 92 oben und unten rechts, 93 oben, 94 unten links, 95 links, 96 beide, 97 alle, 98, 101 links und rechts, 105 oben links, 115 rechts, 117 links, rechts und unten, Zeitleiste

Hans Baumgartner, Altötting:
S. 9 oben, 14, 17, 18, 19 beide, 23 unten, 26 rechts, 29, 30, 31 rechts, 54 unten, 55 links, 63 unten, 64, 68 links, 73 unten, 78 unten rechts, 86 oben links, 90 unten rechts, 107 unten, Zeitleiste

Christine Meinecke, Altötting:
S. 21 oben, 26 unten, 27 rechts oben, 34 links und Mitte, 35 unten, 40 links, 43 unten, 49 links, 55 oben links, 56 unten Abb. 2 und Abb. 3, 57, 70 oben und unten Abb. 2 und Abb. 4, 73 oben, 76, 93 unten, 95 unten, 104 Mitte, rechts und unten, 105 unten, 106 beide, 107 oben, 108 rechts, 109 links, 110 alle, 111 unten rechts, 113, 114, 116, Zeitleiste

Foto Strauß, Altötting:
S. 6, 83 unten beide, 86 unten, 87 unten, 88 beide links, 89 oben, 90 oben beide und unten links, 91 alle, 92 links, Zeitleiste

Wikipedia:
S. 23 rechts oben, 38 oben links, 43 oben links und rechts, 44, 51 alle, 54 oben, 55 oben beide, 56 unten links, 63 oben rechts, 68 oben, 70 unten Abb. 1 und Abb. 3, 72, 78 oben beide, 79 oben rechts, 80 Abb. 1 und Abb. 2, 83 oben, 87 oben beide, 100 Abb. 3, Zeitleiste

Georg Willmerdinger, Alt-Neuöttinger Anzeiger:
S. 100 Abb. 1, 2, 4; S. 101 Abb. 3

Zunhamer/Küfner mit Gen. Administration Hl. Kapelle Altötting:
20, 36 links und Mitte, 42 rechts, Zeitleiste

Altöttinger Marienwerk: S. 5 oben, 78 unten links, 102 beide, 112 alle, Zeitleiste

Arthothek, Weilheim: S. 38 oben rechts, 79 oben links, 80 Abb. 3, Zeitleiste

Dionys Asenkerschbaumer, Kellberg: S. 4 unten, 117 oben rechts

Bayer. Staatsministerium des Inneren: Wappen Zeitleiste

Damenstift Osterhofen: S. 105 rechts

Diözese Passau: S. 4 oben

Konrad Heuwieser, Altötting: S. 94 oben links

Stephan Hölzlwimmer, Alt-Neuöttinger Anzeiger: S. 94 oben rechts

Holger Klaes, Kevelaer: S. 101 Bild 2

Karl Kleiner, Rosenheim: S. 84 beide, 89 links und unten, Zeitleiste

Kunstsammlung der Erzabtei St. Peter, Salzburg: S. 27 oben Mitte

Adrian Kutter, Biberach: S. 104 links

Manfred Lerner / Dr. Peter Moser: S. 24 links

Fritz Obermaier, Altötting: S. 103 oben

Toni Ott, Landshut: S. 27 oben links, Zeitleiste

Passauer Bistumsblatt (Werner Friedenberger): S. 115 links

Universität Salzburg: S. 63 oben links

Seraphisches Liebeswerk: S. 86 oben Abb. 2

Stadt Altötting: S. 5 unten

Stadt Neuötting: S. 27 unten

Dr. Gebhard Streicher, München: S. 118 alle, 119 alle

Dr. Stumfall, Riedering: S. 103 unten

Mag. Reinhard Weidl, Verlag St. Peter, Salzburg: S. 23 oben links, Zeitleiste